DATEV IM- UND EXPORT: PRAXIS AM PC

DATEV Schnittstellen

© New Earth Publishing 2017
nep@newearthpublishing.de
www.newearthpublishing.de

Coverabbildung: © Luis Francisco Cordero - Fotolia.com

Autor:
Jörg Merk

ISBN 978-3-945827-08-6
EAN 9783945827086

Die verwendeten Software Namen und Bezeichnungen sind überwiegend geschützte Begriffe und unterliegen als solche den Bestimmungen des Urheberrechtsschutzes.

Die Unternehmen, Markennamen, Produktbezeichnungen und Adressdaten in den hierin befindlichen Beispielen basieren auf Echtdaten von Kunden und Lieferanten der New Earth Publishing und unterliegen dem Copyright der jeweiligen Firmen. Die New Earth Publishing hat lediglich die Genehmigung, diese Daten im Rahmen dieser Schulungsunterlagen und dazugehörigen Übungsaufgaben zu verwenden. Für den Käufer der Unterlagen lassen sich keinerlei Rechte aus diesen Unterlagen ableiten, außer der Verwendung der Daten zu Übungszwecken.

Dieses Produkt ist urheberrechtlich geschützt. Ohne schriftliche Zustimmung der New Earth Publishing sind die Vervielfältigung, insbesondere das Fotokopieren, Verbreitung, Übersetzungen, Mikroverfilmungen oder die Einspeicherung und Bearbeitung in elektronischen Systemen nicht gestattet und strafbar (§ 106 UrhG.).

VORWORT:

In diesem Schulungshandbuch finden Sie eine Beschreibung verschiedener DATEV-Schnittstellen aus Sicht eines Anwenders. Beginnend mit dem aktuell noch gültigen und von DATEV bis zum Jahreswechsel 2017/2018 unterstützten Datenimport und Datenexport als sogenannte Postversanddatei (KNE). Dabei werde ich an Hand übersichtlicher Beispieldaten den Export aus Lexware financial office pro, HS (Hamburger Software) Finanzwesen, Topix Business Software TOPIX8 und der GDI Finanzbuchhaltung zeigen.

Ziel ist es, einen Überblick über die wichtigsten Funktionen beim Export und Import von Daten über die DATEV Schnittstelle zu geben und zu zeigen, welche Einstellungen für eine korrekte Funktionsweise erforderlich sind.

Ich werde dieses Schulungshandbuch dabei nach Softwareprodukten strukturieren, jeweils mit Import- und Exportmöglichkeiten und im Anschluss die wichtigsten möglichen Fehler besprechen.

Im zweiten Teil des Schulungshandbuchs werde ich den neuen DATEV Export im CSV-Format beschreiben inklusive der wichtigsten Änderungen und Erweiterungen im Vergleich zu den Postversanddateien.

Zielsetzung dieses Buches ist die einfache, praxisnahe Darstellung der Import- und Exportmöglichkeiten aus verschiedenen Programmen mit Hilfe einer DATEV Schnittstelle, sowie der entsprechende Import und Export aus der DATEV Software, wenn Sie Daten mit Ihrem Steuerberater in beiden Richtungen austauschen wollen.

Dabei geht es neben der Beschreibung der Funktionen vor allem darum, sowohl für den Buchhalter auf der einen Seite, als auch für den Steuerberater auf der anderen Seite ein gewisses Maß an Verständnis zu schaffen, wie und wodurch beim Datenaustausch Fehler auftreten können und wie sich diese Fehler beheben lassen.

Am Ende dieses Schulungshandbuchs finden Sie noch ein paar interessante Links und Informationen rund um das Thema DATEV-Schnittstelle.

Interessant könnte es werden, die Funktion des neuen DATEV-Exports für eine Übernahme der Stammdaten von einer Software in einer andere zu nutzen. So könnten Sie beispielsweise Ihre Daten aus dem Lexware financial office pro exportieren und ins HS Rechnungswesen einlesen. Der Vorteil dabei: es handelt sich um eine genormte Schnittstelle, d.h. der Anpassungsaufwand und die Nacharbeiten sind deutlich geringer als bei einem freihändigen Datenexport.

Die einzelnen Softwarehersteller und Ihre Produkte sind in der Reihenfolge aufgeführt, in der ich die Software in der aktuellen Version zur Verfügung hatte, ohne Wertung der einzelnen Programme.

Viel Spaß bei der Lektüre.

Jörg Merk

Inhaltsverzeichnis

Vorbereitende Arbeiten	4
Einleitung	5
Allgemeines zur DATEV-Schnittstelle	7
Lexware Financial Office	10
Stammdaten für den DATEV Export	12
DATEV Export KNE - Stammdaten	14
DATEV Export KNE - Buchungen	20
HS Hamburger Software	25
DATEV Schnittstelle - Stammdaten	26
DATEV Export Postversandformat	30
GDI Finanzbuchhaltung	35
GDI DATEV-Schnittstelle - Stammdaten	36
DATEV Export KNE	38
TOPIX8 – TOPIX Business Software AG	43
DATEV Schnittstelle TOPIX8 - Stammdaten	46
DATEV Export KNE	48
DATEV – Postversanddaten einlesen und ausgeben	53
DATEV Postversanddaten importieren	54
DATEV Daten exportieren	62
Lexware Daten exportieren im DATEV-Format.	66
Daten im DATEV-Format exportieren	67
HS DATEV-Export im DATEV-Format.	84
HS - Daten im DATEV-Format exportieren	85
HS - Daten im DATEV-Format importieren	87
TOPIX8 DATEV-Export im DATEV-Format.	92
Daten im DATEV-Format exportieren	93
TOPIX8 Besonderheiten beim DATEV-Export und -Import	96
TOPIX8 Datenimport im DATEV-Format	97
GDI Daten exportieren im DATEV-Format.	103
Daten im DATEV-Format exportieren	104
GDI Daten im DATEV-Format importieren	108
DATEV – Datenimport im DATEV pro Format	113
Tipps und Tricks	117
Mehrfachübernahme von Daten	119
Schnittstellenentwicklungsleitfaden für das DATEV-Format	121
Lexware Blog zum DATEV-Export und Import	123
DATEV Community	124
LEXinform/Info-Datenbank online	125
DATEV-Formatbeschreibung	126
Glossar	178
Nachwort	179

Vorbereitende Arbeiten

Bevor Sie zum ersten Mal Daten für Ihren Steuerberater exportieren, hier einige wichtige Fragen zur Vorbereitung.

Erstellen Sie eine Checkliste mit den Unterlagen und Informationen, die Sie für die Einrichtung Ihrer DATEV-Schnittstelle benötigen. Die folgende Übersicht mag dabei als Vorlage zur Orientierung dienen, wird aber sicherlich im Einzelfall um weitere Punkte zu ergänzen sein.

Mit welchem Kontenrahmen soll gearbeitet werden (SKR 03 oder SKR 04)? Fragen Sie im Zweifel Ihren Steuerberater.

Mit welchem Geschäftsjahr wollen Sie mit dem Export anfangen?

Handelt es sich um ein abweichendes Geschäftsjahr (z.B. 01.04. - 31.03.)?

Welche Daten sollen exportiert werden ?
- Kontenbeschriftungen
- Saldenvorträge
- Jahresverkehrszahlen
- Buchungen
- Periodenwerte

Sollen Debitoren und Kreditoren einzeln übergeben werden oder die Forderungen und Verbindlichkeiten auf Sammelkonten zu

Wollen Sie einzelne Konten beim DATEV Export auf andere Konten zusammenfassen oder umschleusen?

Wollen Sie nur Daten zu DATEV exportieren oder auch Buchungen vom Steuerberater importieren?

Wer übernimmt Mahnwesen und Zahlungsverkehr?

Sollen die Daten einmalig am Jahresende übertragen werden oder regelmässig, z.B. monatlich?

Wer erstellt die Meldungen, wie UVA und ZM?

Wer erstellt die E-Bilanz?

Einleitung

Die meisten kaufmännischen Programme verfügen heute über eine Schnittstelle zur DATEV[1], der von Steuerberatern in Deutschland am häufigsten eingesetzten Software. Durch zahlreiche gesetzliche Vorgaben und eine grundsätzliche Änderung des Formats für den Datenaustausch kommt es hier bis Ende 2017 zu gravierenden Änderungen.

📁 **Wichtig**

Bevor Sie den DATEV Export in Ihrem Programm auf das neue Format umstellen, sollten Sie mit Ihrem Steuerberater besprechen, wer zukünftig welche Arbeiten und Meldungen übernehmen soll. Erst im Anschluss können Sie festlegen, welche Daten in welchem Rhythmus exportiert und importiert werden sollen.

Für die Einrichtung der DATEV Schnittstelle kann es deutliche Unterschiede mit sich bringen, ob Sie Daten aus der Auftragsabwicklung exportieren, wie Aus- und Eingangsrechnungen, oder Daten aus der Finanzbuchhaltung. Stimmen Sie sich jeweils im Detail mit Ihrem Steuerberater ab, welche Daten ausgetauscht werden sollen und prüfen Sie den Export an Hand der dazugehörigen Auswertungen, wie Rechnungsausgangsbuch, Saldenliste, OP-Liste oder ähnliches. Vor allem bei den ersten Exporten ist darauf zu achten, dass sich hier keine systemischen Fehler einschleichen.

In dieser Schulungsunterlage geht es rein um den Datenaustausch mit der DATEV Finanzbuchhaltung. Mögliche Schnittstellen zum Lohn oder für Zeiterfassungssysteme sind hier nicht das Thema.

Bisher gab es bei DATEV 2 Formate für den Datenaustausch: Das DATEV-Format OBE (Ordnungsbegriffserweiterung von 1993) und KNE (Kontonummernerweiterung von 2000). Bei jedem Format gibt es zwei Dateien: Eine Vorlaufdatei, die bei OBE den Namen DV01, bei KNE den Namen EV01 trägt, und eine Datendatei, die bei OBE DE001, bei KNE ED00001 heißt.

Das neue DATEVpro-Format löst die alten DATEV-Formate (OBE/KNE) komplett ab. Es gibt die Version V3.0 und die neue Version V5.1 mit Festschreibungskennzeichen. In den meisten Programmen findet keine Unterscheidung zwischen

---

[1] Die **DATEV eG** heißt ausgeschrieben "Datenverarbeitung und Dienstleistung für den steuerberatenden Beruf eG".

Entstanden aus dem Bedürfnis der Steuerberaterschaft heraus, für den Beruf sinnvolle Unterstützung durch die EDV bei der Erledigung der Mandantenbuchführung zu erlangen. Am 14. Februar 1966 von 65 Steuerberatern gegründet. Initiator war Heinz Sebiger, der 1997 Ehrenbürger von Nürnberg wurde. Der Hintergrund für die Gründung per se waren die damals neuen Einsatzmöglichkeiten der EDV, die Arbeitskräfteknappheit und die für 1968 bevorstehende Einführung der Mehrwertsteuer. Zunächst voll rechenzentrumsbasierte Dienstleistungen, d.h. Eingabe der Daten in Datenerfassungsgeräten vor Ort, Versand der Lochstreifen per Post zum Rechenzentrum (zunächst von IBM, dann 1969 eigenes Rechenzentrum), Rücksendung der Auswertungen per Post an die Kanzlei. Ab 1974 Möglichkeit des Datenversands per DFÜ zum Rechenzentrum, der Rückversand der Auswertungen (Lohnabrechnungen, Buchhaltungsauswertungen, Steuererklärungen oder Bilanzen) blieb postalisch. Erst ab 1984 beginnende Umstellung auf Im-Haus-Verarbeitung, d.h. Ausdruck vor Ort. Ab 1989 erste Anwendungen zur kompletten Im-Haus-Verarbeitung ohne Nutzung des Rechenzentrums. Erst ca. 1998 stellte DATEV die komplette Anwendungspalette von DOS auf Windows um, nachdem sich herausgestellt hatte, dass die ursprünglich in Richtung OS/2 von IBM betriebene Entwicklung aufgrund des absehbaren Scheiterns dieses Betriebssystems ein Irrweg war. Ab 1998 mit zunehmender Tendenz Verlagerung des Geschäftsfelds auf Software-Dienstleistungen, Consultancy und Schulungen, da die Berater die Auswertungen und Ausdrucke aufgrund der stark gestiegenen PC-Performance und der Verfügbarkeit hochwertiger (Duplex- DIN A4/A3)Drucker vor Ort vornehmen, um flexibler und schneller zu sein. (aus www.lexikonia.de)

diesen Programmversionen statt. Zukünftig wird es nur noch einen Export mit Festschreibungskennzeichen geben.

Empfehlenswert aus Sicht des Unternehmens ist es in jedem Fall, sämtliche DATEV-Exporte strukturiert zu archivieren, um bei Unstimmigkeiten jederzeit Zugriff auf die Exportdateien zu haben.

Aus Sicht des Steuerberaters sollte vor jedem DATEV-Import eine Mandantensicherung erstellt werden. So haben Sie immer die Möglichkeit, den Datenbestand auf einen Zeitpunkt vor dem Datenimport zurückzusetzen.

Allgemeines zur DATEV-Schnittstelle

Vorab einige grundlegende Informationen zur Einrichtung einer DATEV-Schnittstelle

Zunächst ist es wichtig, sich damit vertraut zu machen, wie eine DATEV-Buchhaltung funktioniert. Dabei geht es nicht um detaillierte Kenntnisse, wie in der DATEV ein Buchungssatz zu erfassen ist, sondern lediglich um das Verständnis, welche Besonderheiten des Programms bei der Einrichtung einer Schnittstelle zu beachten sind.

Die DATEV ist ein zeilenorientiertes Programm, das mit vorgegebenen Nummernkreisen[2] arbeitet.

https://www.datev.de/web/de/datev-shop/material/kontenrahmen-datev-skr-03/

Weitere Kontenrahmen finden Sie hier:

https://www.datev.de/web/de/m/ueber-datev/datev-im-web/datev-von-a-z/skr-standard-kontenrahmen/

DATEV verwendet eigene Steuerschlüssel, die in Ihrem Programm zugeordnet werden müssen.

Bedeutung der Steuerschlüssel:

1. Umsatzsteuerfrei (mit Vorsteuerabzug)
2. Umsatzsteuer 7 %
3. Umsatzsteuer 19 %
4. gesperrt
5. Umsatzsteuer 16 %
6. gesperrt
7. Vorsteuer 16 %
8. Vorsteuer 7 %
9. Vorsteuer 19 %

DATEV STEUERSCHLÜSSEL. Hier die Übersicht der DATEV Steuerschlüssel im Inland.

---

[2] Im Standard verwendet die DATEV für Sachkonten 4-stellige Nummern, für Debitoren 10.000 – 69.999 und für Kreditoren 70.000 – 99.999. Werden die Nummernkreise erweitert, müssen Personenkonten immer eine Stelle mehr haben, als die Sachkonten. Werden also die Sachkonten auf 5-stellig erweitert, haben die Personenkonten automatisch 6-stellige Nummern.

ALLGEMEINES ZUR DATEVSCHNITTSTELLE

Eine vollständige Übersicht der verfügbaren Steuerschlüssel finden Sie in der Regel auf der letzten Seite des jeweiligen DATEV Kontenrahmens.

Dazu kommt, dass die DATEV mit sogenannten Automatikkonten arbeitet. Dabei handelt es sich um Konten, die automatisch mit dem hinterlegten Steuerschlüssel gebucht werden. Das sind vor allem die Wareneinkaufskonten und die Erlöskonten. Im DATEV Kontenrahmen finden Sie bei jedem Konto bzw. bei jeder Kontengruppe einen entsprechenden Vermerk.

Bilanz-/GuV-Posten[2]	Programm-verbindung[4] Abschluss-zweck[4]	3 Wareneingangs- und Bestandskonten
Aufwendungen für bezogene Leistungen		**3100 Fremdleistungen**
		AV 3106 Fremdleistungen 19 % Vorsteuer
		R 3107
		AV 3108 Fremdleistungen 7 % Vorsteuer
		3109 Fremdleistungen ohne Vorsteuer
		Umsätze, für die als Leistungsempfänger die Steuer nach § 13b UStG geschuldet wird
	U	AV 3110 Bauleistungen eines im Inland ansässigen Unternehmers 7 % Vorsteuer und 7 % Umsatzsteuer

DATEV AUTOMATIKKONTEN 01. AV vor der Kontonummer steht für Automatikkonto Vorsteuer.

In der Regel sind in den jeweils vom Hersteller ausgelieferten Kontenrahmen die entsprechenden DATEV Kennzeichen korrekt gesetzt, so dass hier nur eine Zuordnung der Steuerschlüssel durchzuführen ist.

		Umsatzerlöse
Umsatzerlöse		8000 Umsatzerlöse
		-99 (Zur freien Verfügung)
	U	AM 8100 Steuerfreie Umsätze § 4 Nr. 8 ff. -04 UStG
	U	AM 8105 Steuerfreie Umsätze nach § 4 Nr. 12 UStG (Vermietung und Verpachtung)
	U	AM 8110 Sonstige steuerfreie Umsätze Inland
	U	AM 8120 Steuerfreie Umsätze § 4 Nr. 1a UStG

DATEV AUTOMATIKKONTEN 02. AM vor der Kontonummer steht für Automatikkonto Mehrwertsteuer.

ALLGEMEINES ZUR DATEVSCHNITTSTELLE

Wichtig

Achten Sie vor allem bei neu angelegten Konten darauf, die entsprechenden Kennzeichen für die DATEV Zuordnung nachzutragen. Sonst haben Sie beim DATEV Export unter Umständen eine Differenz in Höhe der jeweiligen Umsatzsteuer.

Darüber hinaus ist es wichtig, dass Sie bei der Verwendung von Automatikkonten darauf achten: Ein Konto, ein Steuerschlüssel. D.h. es darf in diesen Bereichen keine Konten geben, die mit unterschiedlichen Steuerschlüsseln angesprochen werden.

Praxistipp

Wählen Sie für Ihren ersten DATEV Export einen kleineren Datenbestand, z.B. nur einen Monat aus. Das erleichtert die Abstimmung und Kontrolle.

Testen Sie Ihr Wissen

Lernzielkontrolle:

1) Welche Nummernkreise verwendet die DATEV im Standard?

2) Was versteht man unter einem Automatikkonto?

3) Wofür stehen im DATEV Kontenrahmen die Kürzel AV und AM?

Kapitel 2

Lexware Financial Office

Hier lernen Sie, welche Einstellungen im Lexware Financial Office für den DATEV Export erforderlich sind und wie der Export im Postversandformat erstellt wird.

Für den DATEV Export gehe ich in meinen Beispielen davon aus, dass der Export aus der Finanzbuchhaltung erfolgt. Der Export aus der Warenwirtschaft erfolgt analog. Bei Fragen stehe ich gerne für den Support zur Verfügung[3].Für dieses Schulungshandbuch arbeite ich mit Lexware Financial Office pro 2017.

Der Einfachheit halber verwende ich für den DATEV Export den Datenbestand aus meinen Schulungsunterlagen für mein Schulungshandbuch Lexware 2017 buchhalter pro premium. Hier gibt es den Mandant Musikladen GmbH, für den im Dezember 2016 die Saldenvorträge erfasst wurden und die Buchungsmonate Januar und Februar verfügbar sind[4]. Wenn Sie später mit Ihren eigenen Datenbeständen arbeiten, wird es immer Mal wieder dazu kommen, dass Ihr Steuerberater ein Fehlerprotokoll erhält und die Daten nachpflegen müssen. Deshalb ist es wichtig, dass Sie am Jahresende die Umbuchungsliste von Ihrem Steuerberater entweder importieren oder manuell nachbuchen und abstimmen, dass Ihre Bilanz im Programm mit der von Ihrem Steuerberater wirklich übereinstimmt.

Damit der Menüpunkt für den DATEV Export überhaupt sichtbar ist, sind im Firmenassistent die Angaben für den DATEV Export zu ergänzen.

Die dazu erforderlichen Angaben, wie Beraternummer und Mandantennummer bekommen Sie von Ihrem Steuerberater.

---

[3] Support per Fernwartung / Teamviewer wird mit EUR 25,00 je angefangene 15 Minuten abgerechnet, zuzüglich MwSt. Ihre Anfrage schicken Sie bitte per Mail an jm@newearthpublishing.de . Alternativ sind bundesweit Schulungen vor Ort möglich zum Preis von EUR 100,00 je Stunde zuzüglich MwSt., Anfahrt und Spesen. Bei Bedarf mache ich Ihnen gerne ein individuelles Angebot.

[4] Im Grunde geht es ja nur um die grundlegende Funktionalität des Exports und nicht darum, möglichst umfassend alle möglichen Buchungskonstellationen im Detail zu analysieren.

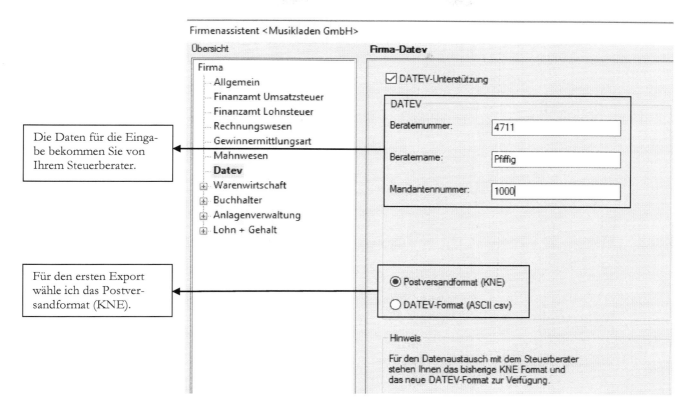

Die Daten für die Eingabe bekommen Sie von Ihrem Steuerberater.

Für den ersten Export wähle ich das Postversandformat (KNE).

FIRMENASSISTENT – DATEV-UNTERSTÜTZUNG. Im Firmenassistenten erfassen Sie die Beraternummer Ihres Steuerberaters, den Namen und Ihre Mandantennummer beim Steuerberater. Zusätzlich legen Sie fest, in welchem Format Sie Ihre Daten exportieren wollen.

Erst nach der Erfassung der DATEV-Unterstützung wird die Auswahl für die DATEV-Schnittstelle im Menü der Buchhaltung unter Datei angezeigt.

DATEV-SCHNITTSTELLE. Jetzt wird die DATEV-Schnittstelle für den Im- und Export von Daten im DATEV-Format angezeigt.

Stammdaten für den DATEV Export

Unter **Verwaltung → Steuersätze** sehen Sie bei jedem Steuersatz durch Klick auf das grüne Feld am Ende der Zeile, welcher korrespondierende Steuerschlüssel der DATEV hier zugeordnet ist.

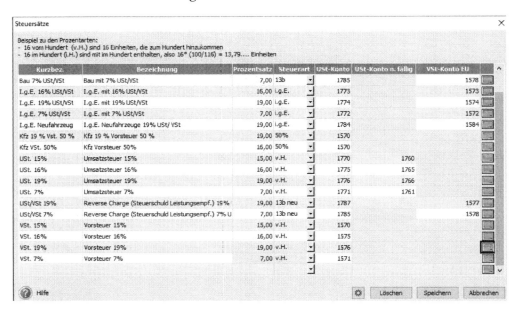

STEUERSÄTZE. Hier sehen Sie alle in Lexware angelegten Steuersätze und können prüfen, welche DATEV-Steuerschlüssel zugeordnet sind.

Eine entsprechende Übersicht der DATEV Steuerschlüssel finden Sie z.B. in jedem DATEV Kontenrahmen.

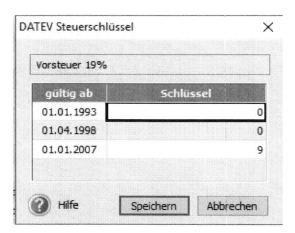

DATEV STEUERSCHLÜSSEL. Hier sehen Sie, welcher DATEV Steuerschlüssel zugeordnet ist und seit wann.

So verwendet die DATEV beispielsweise den Steuerschlüssel 9 für Vorsteuer 19%. Wenn Sie bei der Zuordnung nicht sicher sind, fragen Sie bitte Ihren Steuerberater.

STAMMDATEN FÜR DEN DATEV EXPORT

Unter **Verwaltung → Konten** sehen Sie bei den einzelnen Konten unter Eigenschaften, ob es sich bei diesem Konto bei der DATEV um ein sogenanntes Automatikkonto handelt.

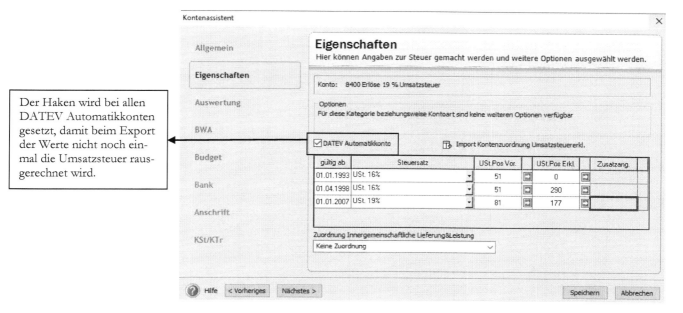

> Der Haken wird bei allen DATEV Automatikkonten gesetzt, damit beim Export der Werte nicht noch einmal die Umsatzsteuer rausgerechnet wird.

KONTENASSISTENT - EIGENSCHAFTEN. Ergänzen Sie für neu angelegte Konten die Information DATEV-Automatikkonto, soweit erforderlich. Welche Konten bei der DATEV als Automatikkonten definiert sind, entnehmen Sie bitte dem jeweiligen DATEV Kontenrahmen.

Zusätzlich haben Sie die Möglichkeit, einzelnen Konten für den DATEV Export andere DATEV-Konten zuzuweisen. Das kann sinnvoll sein, wenn Sie z.B. für den Steuerberater bestimmte Konten zusammenfassen wollen, oder Konten in der falschen Kontenklasse angelegt haben. Dann können Sie unter **Verwaltung → Kontenzuordnung** jedem Konto ein abweichendes DATEV Konto zuordnen.

VERWALTUNG - KONTENZUORDNUNG. Hier haben Sie die Möglichkeit, für den Export abweichende DATEV-Konten zuzuordnen.

Wenn Sie Änderungen vornehmen, stimmen Sie das bitte mit Ihrem Steuerberater ab.

STAMMDATEN FÜR DEN DATEV EXPORT

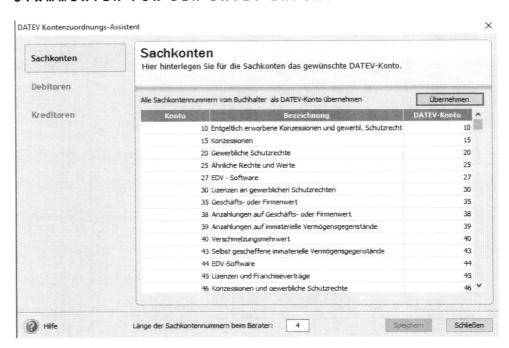

DATEV KONTEN-ZUORDUNGSASSISTENT. Im Standard werden die Konten 1:1 übernommen.

> **Wichtig**
>
> Abweichende Kontenzuordnungen können insbesondere bei einer Zusammenfassung von Konten bei Import von Daten im DATEV Format nicht berücksichtigt werden.

DATEV Export KNE - Stammdaten

Starten Sie den Buchhalter und wählen Sie **Datei → DATEV-Schnittstelle → DATEV Export**, um Ihre Daten im KNE-Format an für Ihren Steuerberater zu exportieren.

DATEV-SCHNITTSTELLE. Wählen Sie DATEV-Export.

DATEV EXPORT KNE - STAMMDATEN

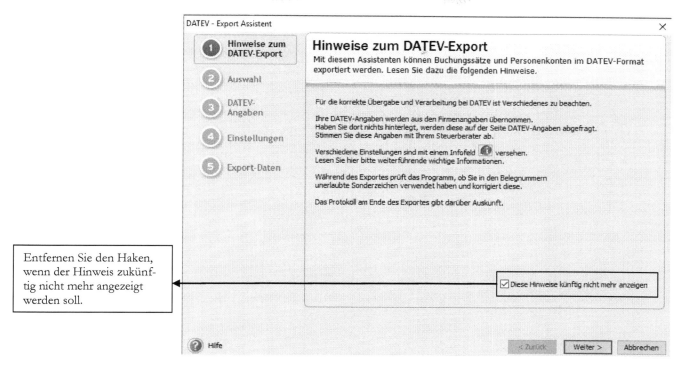

Entfernen Sie den Haken, wenn der Hinweis zukünftig nicht mehr angezeigt werden soll.

HINWEISE ZUM DATEV EXPORT. Zu Beginn werden Hinweise zum DATEV Export angezeigt. Bitte aufmerksam lesen.

Unter Auswahl können Sie ein Verzeichnis für den DATEV-Export festlegen, in dem die Daten gespeichert werden.

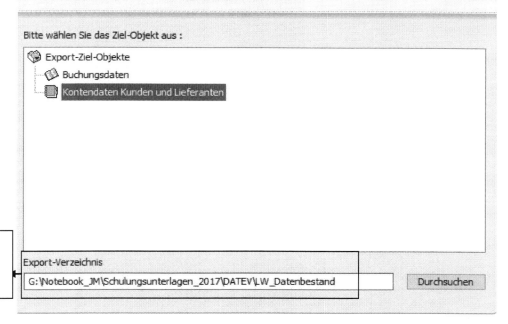

Hinterlegen Sie hier das Verzeichnis, in das die Daten gespeichert werden sollen.

DATEV EXPORT - AUSWAHL. Sie können Kontodaten für Kunden und Lieferanten exportieren und Buchungsdaten.

DATEV EXPORT KNE- STAMMDATEN

DATEV-Angaben

Auf dieser Seite sehen Sie die im Firmenassistent auf der Seite DATEV hinterlegten DATEV-Angaben.

```
DATEV-Angaben
Mandantennummer:  1000           DFV-Kennzeichen:     JM
Beraternummer:    4711           Passwort:
Beratername:      Pfiffig        Datenträgernummer:   1
                                 Abrechnungsnummer:   189

Hinterlegen Sie hier die DATEV-Angaben. Die Abrechnungsnummer für Personendaten ist 189,
für Buchungsdaten muss sie zwischen 1 und 69 liegen.

(●) Postversandformat (KNE)           ( ) DATEV-Format (ASCII csv)
[✓] DATEV-Kontenzuordnung berücksichtigen
[ ] Dateien als eMail versenden
```

DATEV-ANGABEN. Ergänzen Sie die Daten, soweit erforderlich.

Mandantennummer: Das ist die Nummer, unter der Ihre Firma bei Ihrem Steuerberater geführt wird, das Mandat.

Beraternummer: Unter dieser Nummer wird Ihr Steuerberater bei der DATEV geführt.

Beratername: Name Ihres Steuerberaters; gegebenenfalls abkürzen.

DFV-Kennzeichen: Hier geben Sie Ihre Initialen ein. Dieses Kürzel wird in der Primanota mit angedruckt.

Passwort: Optional können Sie ein Kennwort vergeben, um die Datei entsprechend vor unbefugtem Zugriff zu schützen.

Datenträgernummer: wird normal fortlaufend hochgezählt von 1-69; wenn Sie nur 1x im Monat Daten exportieren, bietet es sich an, hier den Monat einzutragen.

Abrechnungsnummer 189: wird generell verwendet, wenn nur Kontenbeschriftungen exportiert werden.

Wählen Sie anschließend das gewünschte Format aus und vergessen Sie beim Export von Buchungen nicht, den Haken zu setzen für die Berücksichtigung der DATEV-Kontenzuordnung.

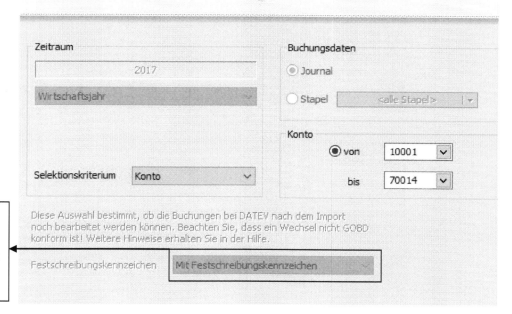

Neu ist das sogenannte Festschreibungskennzeichen. Ist es gesetzt, kann der Steuerberater die Daten nach dem Import nicht mehr ändern.

DATEV EINSTELLUNGEN. Beim Export der Kontenbeschriftungen geben Sie hier die Nummernkreise der Konten an, die exportiert werden sollen.

Seit dem Jahreswechsel 2016/2017 gibt es beim DATEV-Export ein sogenanntes Festschreibungskennzeichen. Damit wird gesetzlichen Änderungen in der GoBD[5] Rechnung getragen. Mit Aktivierung des Festschreibungskennzeichens wird verhindert, dass der Steuerberater die Daten nach dem Import in DATEV noch verändern kann. In der Praxis wird es wohl eine Weile dauern, bis sich alle Beteiligten daran gewöhnt haben. Im Moment ist es noch möglich, den Datenexport ohne das Festschreibungskennzeichen durchzuführen.

In der Praxis sollten Sie mit Ihrem Steuerberater klären, wie Sie mit dem Kennzeichen verfahren. Alternativ zu einer manuellen Änderung können Sie die entsprechenden Einstellungen bei sich im Programm korrigieren und den Export neu erstellen.

Anschließend wird eine Übersicht der für den Export gewählten Daten gezeigt. Prüfen Sie Stichprobenartig, ob die Auswahl korrekt gewählt wurde.

---

[5] Durch die seit 01.01.2015 gültigen GoBD (Grundsätze zur ordnungsmäßigen Führung und Aufbewahrung von Büchern, Aufzeichnungen und Unterlagen in elektronischer Form sowie zum Datenzugriff) werden die aus dem Jahr 1995 stammenden GoBS und die GDPdU aus dem Jahr 2001 aufgehoben.

DATEV EXPORT KNE- STAMMDATEN

Export-Daten
Hier erhalten Sie eine Übersicht über die zu exportierenden Daten.

In der Spalte "Auswahl" haben Sie die Möglichkeit Datensätze zu deselektieren. Diese werden dann beim Export nicht berücksichtigt.

Nr.	Auswahl	Kunden-Nr.	Konto	Firma	Name
1	☑	10001	10001	Cinema Filmtheater, München	
2	☑	10002	10002	Deutsches Theater, München	
3	☑	10003	10003	Bela Kostmetik GmbH	
4	☑	10004	10004	Grau GmbH	
5	☑	10010	10010	New Earth Publishing	Merk
6	☑	10011	10011	kultkosmetik.de	tsbereich der
7	☑	10012	10012	Haufe-Lexware GmbH & Co.KG	
8	☑	10013	10013	Iris Strassacker Lautsprechershop,	
9	☑	70001	70001	Conrad Electronic SE - Hirschau	
10	☑	70002	70002	Nespresso Deutschland GmbH	
11	☑	70003	70003	Haufe-Lexware GmbH & Co. KG	

DATEV EXPORT-DATEN. Wenn die korrekten Daten angezeigt werden, führen Sie den Export aus.

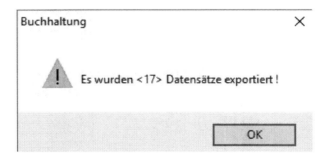

Es wurden <17> Datensätze exportiert!

DATEV HINWEIS. Im Anschluss an den Export wird angezeigt, wie viele Datensätze exportiert wurden.

Optional können Sie nach dem Export noch ein Protokoll drucken und speichern.

Buchhaltung

Die Daten wurden erfolgreich in das Verzeichnis
G:\Notebook_JM\Schulungsunterlagen_2017\DATEV\LW_Datenbestand
\ exportiert.
Wollen Sie ein Protokoll drucken?

DATEV PROTOKOLLABFRAGE. Für eine einfachere Abstimmung und zur nachträglichen Kontrolle empfehle ich Ihnen, die Protokolle grundsätzlich zu erstellen und zusammen mit den Exportdateien zu archivieren.

DATEV EXPORT KNE- STAMMDATEN

```
DtvExport - Editor
Datei  Bearbeiten  Format  Ansicht  ?
Überschrift: DtvExport
Name der Firma: Musikladen GmbH
23/02/2017
Name der Datei: DtvExport.log
Anzahl der exportierten Kontendaten Kunden und Lieferanten gesamt: 17
```

DATEV EXPORT PROTOKOLL. Im Protokoll sehen Sie, wenn welche Daten für welche Firma exportiert wurden.

Insbesondere, wenn Sie mit unterschiedlichen Firmen arbeiten, empfehle ich Ihnen, jeden Datenexport sauber zu dokumentieren.

DATEV › Schnittstellen › Datenbestände › Lexware › KNE › Kontenbeschriftung › 01

Name	Änderungsdatum	Typ	Größe
ED00001	23.02.2017 11:27	Datei	3 KB
EV01	23.02.2017 11:27	Datei	1 KB

DATEV EXPORTDATEN KNE. Beim Datenexport im KNE Format haben Sie immer 2 Dateien. Die ED0001 enthält die Daten, die EV01 die Kopfdaten, d.h. die Information, für welche Firma und für welchen Zeitraum die Daten exportiert wurden.

DATEV Export KNE - Buchungen

Wählen Sie erneut **Datei → DATEV-Schnittstelle → DATEV Export**, um diesmal Ihre Buchungen im KNE-Format an für Ihren Steuerberater zu exportieren.

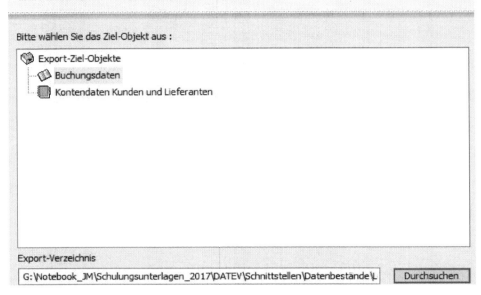

DATEV EXPORT - AUSWAHL. Wählen Sie Buchungsdaten.

Wählen Sie zunächst aus, welchen Zeitraum Sie exportieren wollen. Sie können wählen zwischen Monat, Quartal und Jahr. Für einen ersten Test ist es sinnvoll, nur einen Monat auszuwählen, um die Abstimmung zu erleichtern.

Unter Buchungsdaten können Sie wählen, ob Sie die Buchungen aus dem Journal übernehmen wollen, oder nur einen einzelnen oder mehrere Buchungsstapel. In der Regel exportieren Sie nur Buchungen aus dem Journal. Den Export von Buchungsstapeln sollten Sie nur nutzen, wenn Sie nachträglich, nach der Übertragung der Ihrer Buchungen an den Steuerberater, noch einen zusätzlichen Buchungsstapel erfasst haben.

DATEV Export KNE - Buchungen

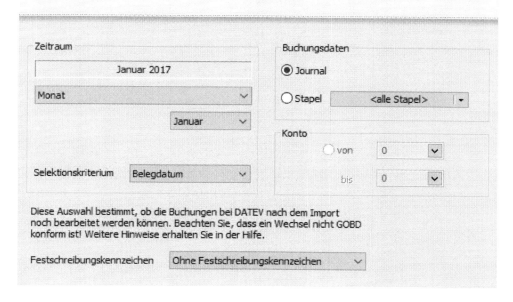

DATEV EINSTELLUNGEN. Wählen Sie mit verschiedenen Optionen, welche Buchungen exportiert werden sollen.

Beim Buchungsexport sollte mit dem Steuerberater geklärt werden, ob mit oder ohne Festschreibungskennzeichen exportiert wird.

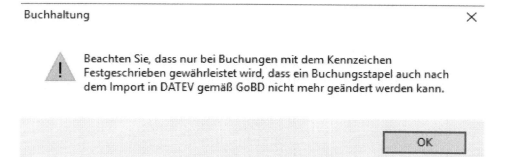

DATEV FESTSCHREIBUNGSKENNZEICHEN. Für einen ersten Test empfehle ich Ihnen, ohne das Festschreibungskennzeichen zu exportieren.

Nach Bestätigung der Meldung erhalten Sie die Übersicht der exportierten Buchungen. Diese sollten Sie zumindest in der Anfangsphase stichprobenartig prüfen.

DATEV Export KNE - Buchungen

Export-Daten
Hier erhalten Sie eine Übersicht über die zu exportierenden Daten.

In der Spalte "Auswahl" haben Sie die Möglichkeit Datensätze zu deselektieren. Diese werden dann beim Export nicht berücksichtigt.

Nr.	Auswahl	Umsatz	Gegenkonto	Schlüssel	Beleg-Nr. 1	Beleg-Nr. 2
1	☑	125.000,00	9000	0	1	
2	☑	55.700,00	9000	0	2	
3	☑	75.000,00	9000	0	3	
4	☑	300.000,00	550	0	4	
5	☑	50.000,00	800	0	5	
6	☑	2.250,00	9000	0	6	
7	☑	126.292,75	9000	0	7	
8	☑	2.261,00	9008	0	8	
9	☑	7.586,25	9008	0	9	
10	☑	39.090,00	70001	0	10	
11	☑	5.000,00	70002	0	11	

DATEV EXPORT-DATEN. Hier sehen Sie die exportierten Buchungen.

Zum Abschluss kommt die Meldung, wieviele Buchungen exportiert wurden.

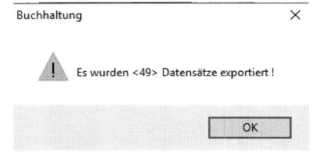

DATEV HINWEIS. In unserem Beispiel wurden 49 Buchungen exportiert[6].

Bei Bedarf können Sie die nachfolgende Meldung mit ja bestätigen und ein Protokoll für den soeben durchgeführten Export speichern.

Für eine vollständige Dokumentation für den Datenaustausch mit Ihrem Steuerberater empfehle ich Ihnen, die Protokolle für jeden Export als PDF zu drucken und zusammen mit den exportierten Daten zu speichern.

---

[6] Bei sehr großen Datenbeständen empfehle ich Ihnen generell einen monatlichen Export. Das ist übersichtlicher und vereinfacht Abstimmung und Kontrolle.

DATEV Export KNE - Buchungen

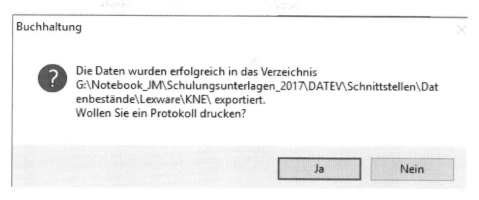

DATEV PROTOKOLL-ANFORDERUNG. In der Protokollanforderung sehen Sie, wo Ihre exportierten Daten gespeichert wurden.

Im Protokoll selbst wird angezeigt, wann für welche Firma Daten exportiert wurden und wieviele Buchungen der Export enthält.

```
DtvExport - Editor
Datei  Bearbeiten  Format  Ansicht  ?

Überschrift: DtvExport
Name der Firma: Musikladen GmbH
23/02/2017
Name der Datei: DtvExport.log
Anzahl der exportierten Buchungen gesamt: 49
```

DATEV PROTOKOLL. Speichern Sie das Protokoll am besten zusammen mit den Daten.

DATEV DATENEXPORT BUCHUNGEN. Die Dateinamen sind identisch mit dem Export der Kontenbeschriftungen.

Bei Lexware sind die Dateinamen für jeden Datenexport identisch. Aus diesem Grund ist es wichtig, für jeden Datenexport einen eigenen Ordner anzulegen, um den vorhergehenden Export nicht zu überschreiben.

Anschließend übertragen Sie bei Datenexporte (Kontenbeschriftungen und Buchungen) an Ihren Steuerberater.

Praxistipp

Es ist sinnvoll, die Ordner mit den Datenexporten als Archiv zusammenzupacken und dann per Mail an Ihren Steuerberater zu schicken.

DATEV Export KNE - Buchungen

Lernzielkontrolle

☺ Testen Sie Ihr Wissen

1) Wie viele Dateien werden bei einem DATEV Export im KNE-Format im Lexware buchhalter erzeugt?

2) Warum sollten Sie für jeden DATEV Export einen eigenen Ordner anlegen?

3) Was versteht man unter dem Begriff „Festschreibungskennzeichen"?

4) Wann ist es sinnvoll, nur einzelne Buchungsstapel zu exportieren?

Praktische Übungen

Tastaturübungen

1) Sofern Sie über einen Lexware buchhalter verfügen, richten Sie die Stammdaten für den DATEV Export KNE ein.

2) Erstellen Sie einen Datenexport für die Kontenbeschriftungen.

3) Erstellen Sie einen Datenexport für die Buchungen.

Kapitel 3

HS Hamburger Software

In diesem Kapitel lernen Sie, wie der DATEV Export KNE im HS Finanzwesen gemacht wird.

Die Hamburger Software bietet neben der Standard DATEV-Schnittstelle auch eine direkte Anbindung der Auftragsbearbeitung an die DATEV[7]. In diesem Buch interessiert uns rein der DATEV Export aus dem Finanzwesen.

Im Finanzwesen starten Sie die DATEV Export unter **Datei → Datenexport → Daten an DATEV übergeben**.

DATEN AN DATEV ÜBERGEBEN. Hier starten Sie den DATEV Export, sofern alle Stammdaten korrekt gepflegt sind.

Bevor Sie Ihre Daten für Ihren Steuerberater exportieren können, sind einige Stammdaten zu erfassen, die für einen korrekten DATEV Export erforderlich sind.

---

[7] Die DATEV Auftragsbearbeitung stammt von der Hamburger Software. Hier wurde die Auftragsbearbeitung 1:1 von der DATEV verkauft, einzig dass eine direkte Anbindung der Auftragsbearbeitung an die DATEV Finanzbuchhaltung geschaffen wurde.

DATEV Schnittstelle - Stammdaten

Die Einstellung der Grunddaten für den DATEV Export erfassen Sie unter **Administration → Einstellungen → Erweiterungsmodule → DATEV Datei-Schnittstelle**, unabhängig davon, in welchem Format Sie die Daten später an für Ihren Steuerberater exportieren.

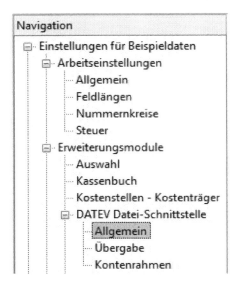

DATEV DATEI-SCHNITTSTELLE. Die Einrichtung der Schnittstelle teilt sich in 3 Bereiche auf: Allgemein, Übergabe und Kontenrahmen.

DATEV DATEI-SCHNITTSTELLE – ALLGEMEIN. Hier wählen Sie das gewünschte Exportformat und das Verzeichnis, in das die Daten exportiert werden sollen.

Format: Wählen Sie hier zwischen Postversand (SELF), was dem KNE Format bei DATEV entspricht, und DATEV-Format (DTVF), was dem CSV-Format bei DATEV enspricht.

Beraternummer: Unter dieser Nummer wird Ihr Steuerberater bei der DATEV geführt.

Mandantennummer: Das ist die Nummer, unter der Ihre Firma bei Ihrem Steuerberater geführt wird, das Mandat.

HS DATEV-SCHNITTSTELLE - STAMMDATEN

DFV-Kennzeichen: Hier geben Sie Ihre Initialen ein. Dieses Kürzel wird in der Primanota mit angedruckt.

Passwort: Optional können Sie ein Kennwort vergeben, um die Datei entsprechend vor unbefugtem Zugriff zu schützen.

Exportverzeichnis: Wählen Sie ein Verzeichnis, in das die Daten gespeichert werden sollen.

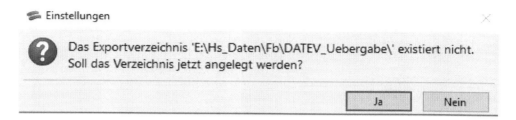

EXPORTVERZEICHNIS. Sofern das gewünschte Verzeichnis noch nicht existiert, kommt eine entsprechende Abfrage vom Programm. Bitte in unserem Beispiel die Frage mit Ja beantworten, um das Verzeichnis anzulegen.

Unter Übergabe können Sie festlegen, welche Daten exportiert werden sollen. Bitte stimmen Sie sich hier mit Ihrem Steuerberater ab. Klären Sie insbesondere, ob Kunden- und Lieferantenbuchungen einzeln oder auf Sammelkonten übergeben werden sollen.

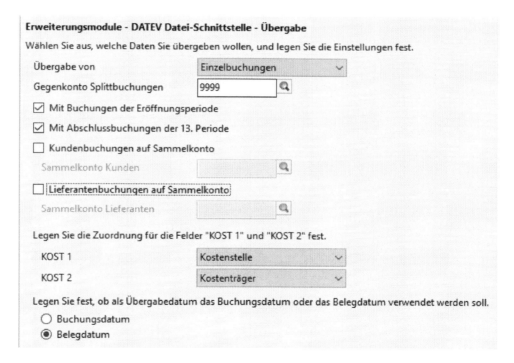

DATEV DATEI-SCHNITTSTELLE - ÜBERGABE. Legen Sie hier fest, welche Daten übertragen werden sollen.

Wenn Sie sich einmal für das Buchungsdatum oder das Belegdatum entschieden haben, behalten Sie die Auswahl bitte für den Rest des Jahres bei.

Im Anschluss kommt die Abfrage, ob Sie die Änderungen übernehmen wollen.

HS DATEV-SCHNITTSTELLE - STAMMDATEN

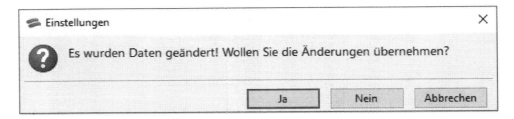

EINSTELLUNGEN - HINWEIS. Bitte beantworten Sie die Frage mit Ja, um Ihre erfassten Daten und Optionen zu speichern.

Im Anschluss haben Sie unter Kontenrahmen noch die Möglichkeit, einzelnen Konten ein abweichendes DATEV Konto zuzuordnen. Auf diese Weise ist es möglich, beim DATEV Export einzelne Konten zusammenzufassen oder auf andere Konten „um zu schleusen".

Erweiterungsmodule - DATEV Datei-Schnittstelle - Kontenrahmen

Geben Sie bei einem von der DATEV abweichenden Kontenrahmen die DATEV Kontonummern für Ihre Sach- und Personenkonten an.

Konto	Bezeichnung	DATEV Konto
27	EDV-Software	27
50	Grundstücke, grndst.Recht...	50
90	Geschäftsbauten	90
100	Fabrikbauten	100
120	Geschäfts-,Fabrik-u.and. B...	120
210	Maschinen	210
290	Technische Anlagen und ...	290
320	PKW	320
350	LKW	350
380	Sonstige Transportmittel	380

DATEV DATEI-SCHNITTSTELLE - KONTENRAHMEN. Im Standard ist die Kontenzuordnung zu DATEV 1:1. Optional können Sie hier die Zuordnung für einzelne Konten ändern.

Neben der Möglichkeit, die Kontenzuordnung in der Zuordnungstabelle zu ändern, können Sie auch im Kontenstamm, direkt bei der Anlage bereits ein entsprechendes DATEV Konto eintragen.

HS DATEV-SCHNITTSTELLE - STAMMDATEN

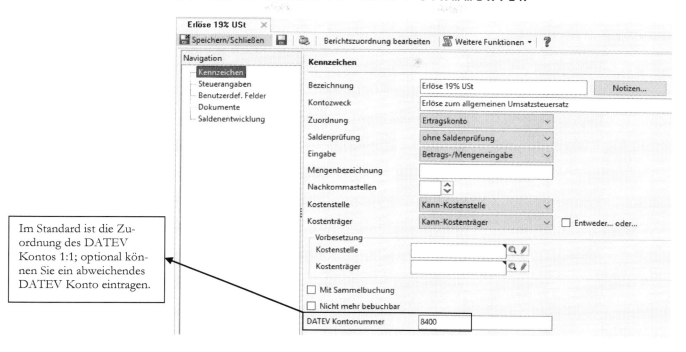

Im Standard ist die Zuordnung des DATEV Kontos 1:1; optional können Sie ein abweichendes DATEV Konto eintragen.

SACHKONTO - KENNZEICHEN. Unter Kennzeichen sehen Sie die aktuell zugeordnete DATEV Kontonummer, die beim DATEV Export verwendet wird.

Unter Steuerangaben tragen Sie ein, ob es sich bei der DATEV um ein sogenanntes Automatikkonto[8] handelt. Durch die Markierung Automatikkonto wird beim Import in die DATEV verhindert, dass aus dem gebuchten Betrag noch einmal die Umsatzsteuer herausgerechnet wird. Es handelt sich ja bereits um den Nettobetrag.

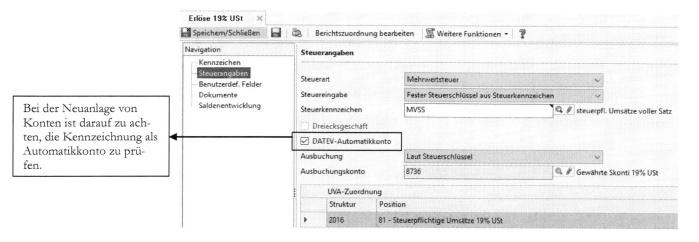

Bei der Neuanlage von Konten ist darauf zu achten, die Kennzeichnung als Automatikkonto zu prüfen.

SACHKONTO - STEUERANGABEN. Setzen Sie den Haken DATEV-Automatikkonto, sofern es sich bei der DATEV um ein Automatikkonto handelt.

Genauso, wie bei den Sachkonten, können Sie auch bei den Personenkonten (Kunden und Lieferanten) direkt das entsprechende DATEV Konto eintragen. Wenn Sie einmal versehentlich für eine Firma mehrere Konten angelegt haben, können Sie diese beim DATEV Export wieder zusammenfassen.

---

[8] Diese Information finden Sie im jeweiligen DATEV-Kontenrahmen, den Sie sich bei Bedarf unter www.datev.de kostenlos herunterladen können.

HS DATEV-SCHNITTSTELLE - STAMMDATEN

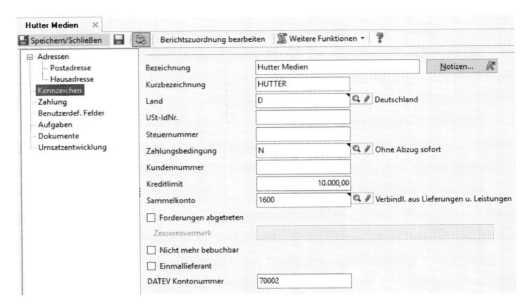

LIEFERANTENKONTO - KENNZEICHEN. Auch hier haben Sie direkt die Möglichkeit, eine DATEV Kontonummer zu hinterlegen.

DATEV Export Postversandformat

Unter **Extras → Datenschnittstelle → Datenexport → Daten an die DATEV übergeben**, können Sie Kontenbeschriftungen und Buchungen an die DATEV exportieren.

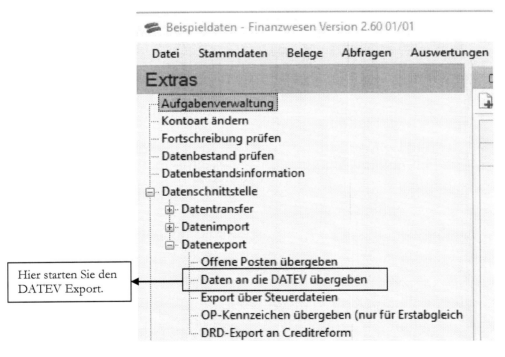

Hier starten Sie den DATEV Export.

DATENSCHINITTSTELLE. Unter Daten an die DATEV übergeben können Sie sowohl Kontenbeschriftungen, als auch Buchungen an die DATEV exportieren.

HS DATEV EXPORT - POSTVERSANDFORMAT

Kontrollieren Sie zunächst die eingetragenen Daten und wählen Sie anschließend, ob Sie nur Kontenbeschriftungen oder Kontenbeschriftungen und Buchungen exportieren wollen.

📖 **Praxistipp**

Prüfen Sie vor allem das ausgewählte Exportverzeichnis, damit Sie Ihre Daten später auch wiederfinden.

DATEN AN DATEV ÜBERGEBEN. Wählen Sie die gewünschten Optionen.

Nach erfolgreichem Datenexport werden Sie automatisch mit einem entsprechenden Hinweis vom Programm informiert.

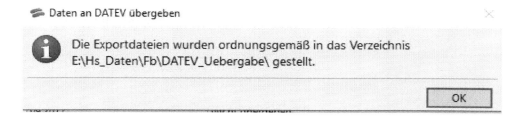

BESTÄTIGUNG. In der Exportbestätigung wird Ihnen noch einmal das ausgewählte Datenverzeichnis angezeigt.

Im Gegensatz zu Lexware und anderen Programmen prüft HS, ob im Zielverzeichnis bereits Daten vorhanden sind und nummeriert die Dateien im Zweifel fortlaufend weiter, so dass Sie hier den Export von Kontenbeschriftungen und Buchungen in einem Verzeichnis zusammenfassen können. Bereits vorhandene Dateien werden nicht einfach überschrieben.

Im Exportverzeichnis finden Sie jetzt 3 Dateien:

EV01: enthält die Informationen für Steuerberater, Mandant, Kurzzeichen...

HS DATEV EXPORT - POSTVERSANDFORMAT

ED00001: Kontenbeschriftungen Sachkonten

ED00002: Kontenbeschriftungen Personenkonten

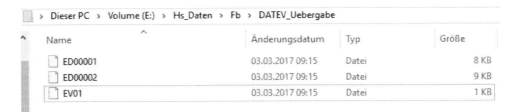

DATEV EXPORTVERZEICHNIS. Nach dem Export der Kontenbeschriftungen liegen insgesamt 3 Dateien im Exportverzeichnis.

Im nächsten Schritt werden die Buchungen exportiert.

DATEN AN DATEV ÜBERGEBEN - BUCHUNGEN. Beim Export der Buchungen ist es wichtig, den gewünschten Zeitraum anzugeben.

Wenn Sie eine aktuelle Echtlizenz vom HS Finanzwesen einsetzen, wird der DATEV Export gespeichert, d.h. hinter den einzelnen Perioden wird der Status entsprechend aktualisiert.

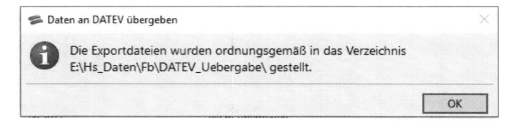

HINWEIS. Auch bei diesem Export kommt eine Meldung, dass die Daten erfolgreich in das ausgewählte Verzeichnis gestellt wurden.

HS DATEV EXPORT - POSTVERSANDFORMAT

Im Gegensatz zum Export der Kontenbeschriftungen wird beim Export von Buchungen zur besseren Kontrolle automatisch ein Protokoll erstellt.

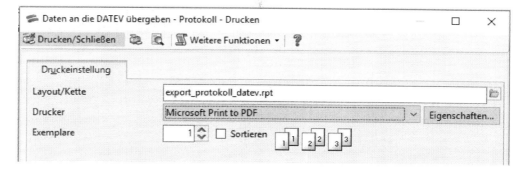

DATEV EXPORT BUCHUNGEN - PROTOKOLL. Wählen Sie das gewünschte Formular und den Drucker für die Ausgabe.

Zumindest bei Ihrem ersten DATEV Export sollten Sie die Buchungen stichprobenartig kontrollieren.

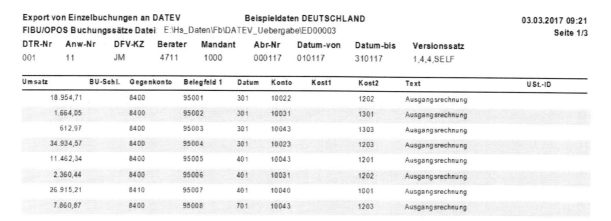

DATEV EXPORT - PROTOKOLL. Achten Sie auf das Datum und darauf, ob alle erforderlichen Felder gefüllt sind.

Im Anschluss finden Sie eine weitere Datei in Ihrem Exportordner: die ED00003 mit den Buchungen.

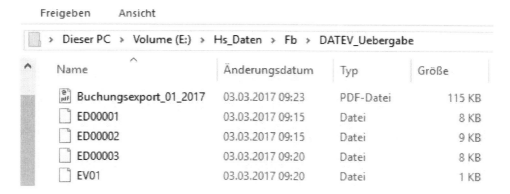

DATEV DATENEXPORT. Die Dateinamen werden einfach fortlaufend hochgezählt.

Lernzielkontrolle:

☺ Testen Sie Ihr Wissen

1) Wie viele Dateien werden bei HS beim Export der Kontenbeschriftungen erzeugt?

2) Wie geht das Programm mit weiteren Exporten/Dateien um?

Praktische Übungen:

 Tastaturübungen

1) Laden Sie sich von der Hamburger Software eine Demoversion runter und installieren Sie das Programm als Demoversion.

2) Ergänzen Sie die Daten für den DATEV Export.

3) Führen Sie einen DATEV Export für die Kontenbeschriftungen durch.

4) Führen Sie einen DATEV Export für Buchungen auch einem Monat durch.

5) Prüfen Sie die Daten in Ihrem Exportverzeichnis[9].

---

[9] Sie können Sie DATEV Dateien im Editor oder im Wordpad öffnen.

GDI Finanzbuchhaltung

In diesem Kapitel lernen Sie, wie der DATEV Export KNE in der GDI Finanzbuchhaltung gemacht wird.

Die GDI Finanzbuchhaltung[10] wird seit mehr als 30 Jahren von kleinen und mittelständischen Betrieben erfolgreich eingesetzt. In den Fokus gerückt ist das Programm vor allem durch die Firmenübernahme durch Marc Zausig. Seitdem herrscht wieder Aufbruchsstimmung in der Firma, die mit mehr als 37.000 Installationen bundesweit bereits seit 3 Jahrzehnten eine bekannte Größe am deutschen Markt für kaufmännische Software ist.

Bei GDI können Sie sowohl aus der Finanzbuchhaltung, als auch aus der Warenwirtschaft einen DATEV-Export ausführen. In diesem Schulungshandbuch wird nur auf den DATEV-Export aus der Finanzbuchhaltung eingegangen.

In der GDI Finanzbuchhaltung starten Sie den DATEV-Export unter **Zusatz → DATEV-Export.**

DATEV-EXPORT. Hier rufen Sie den Export auf.

Bevor Sie den DATEV-Export einrichten und durchführen, prüfen Sie bitte, ob in den Steuerschlüsseln und im Sachkontenstamm die für den DATEV-Export erforderlichen Zuordnungen korrekt und vollständig eingetragen sind.

Für den Datenimport aus DATEV wird in der aktuellen Version nur das neue DATEV-Format CSV unterstützt. Den DATEV-Import finden Sie unter **Zusatz → Datenimport.** Hier können Sie dann das gewünschte Profil auswählen.

---

[10] Für dieses Schulungshandbuch arbeite ich mit der aktuellen GDI Finanzbuchhaltung 6.14.1.43, Stand 03/2017 mit dem Demodatenbestand.

GDI DATEV-Schnittstelle - Stammdaten

Zuordnungen für die DATEV machen Sie in 3 Bereichen:

- Steuerschlüssel
- Sachkonten
- DATEV-Export

Zunächst werden bei den Steuerschlüsseln die entsprechenden DATEV-Steuerschlüssel zugeordnet.

Starten Sie die GDI Finanzbuchhaltung und wählen Sie **Basisdaten → Steuerschlüssel**, um die Zuordnung der korrekten DATEV-Steuerschlüssel zu prüfen.

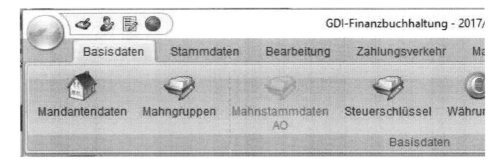

STEUERSCHLÜSSEL. Hier können Sie vorhandene Steuerschlüssel ändern und neue Steuerschlüssel anlegen.

STEUERSCHLÜSSEL - ÜBERSICHT. Wählen Sie den Steuerschlüssel, den Sie ändern / prüfen wollen.

Wählen Sie den Steuerschlüssel Umsatzsteuer 19% aus.

GDI DATEV-SCHNITTSTELLE - STAMMDATEN

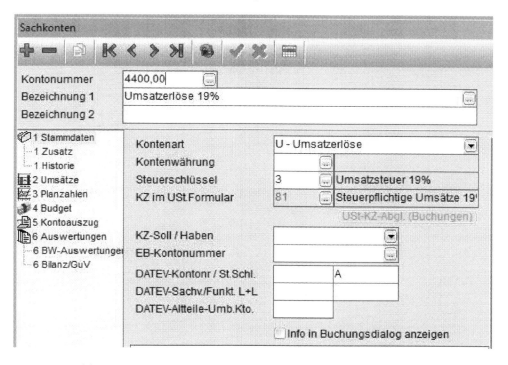

Im Standard sind in der Regel die DATEV Steuerschlüssel korrekt zugeordnet.

STEUERSCHLÜSSEL. Prüfen Sie die Zuordnung der DATEV-Steuerschlüssel und stimmen Sie sich bei Fragen mit Ihrem Steuerberater ab.

Der DATEV-Sachverhalt für Lieferungen und Leistungen ist für den DATEV-Export im CSV-Format erforderlich, sofern Sie sowohl Lieferungen, als auch Leistungen anbieten. Prüfen Sie zusätzlich unter **Stammdaten → Sachkonten**, ob hier die Automatikkennzeichen korrekt gesetzt sind.

SACHKONTEN. Hier können Sie bei Bedarf ein abweichendes DATEV Konto eintragen und die DATEV Automatikkonten entsprechend mit einem A kennzeichnen.

DATEV Export KNE

Starten Sie den Buchhalter und wählen Sie **Datei → DATEV-Schnittstelle → DATEV Export**, um Ihre Daten im KNE-Format an für Ihren Steuerberater zu exportieren.

ZUSATZ – DATEV-EXPORT. Hier können Sie Daten im KNE-Format und im neuen DATEV-Format csv exportieren.

Wählen Sie das gewünschte Format und das Verzeichnis für den Datenexport aus und ergänzen Sie die Daten von Ihrem Steuerberater.

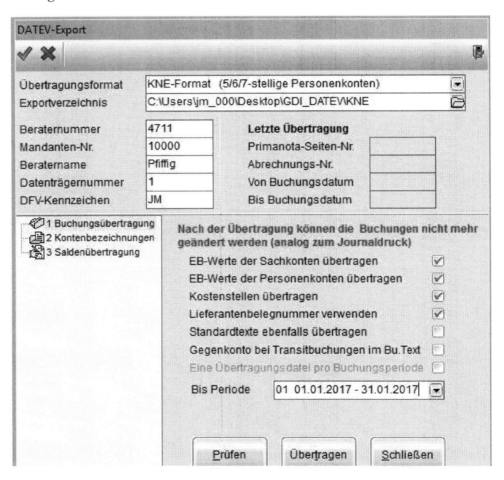

DATEV-EXPORT BUCHUNGEN. Legen Sie fest, welche Daten Sie exportieren wollen und wohin.

> **Wichtig**
>
> Mit dem DATEV-Export werden Ihre Buchungen festgeschrieben, d.h. eine Änderung ist dann nicht mehr möglich. Erstellen Sie vor dem DATEV-Export eine Datensicherung.

Bei den Konten können Sie wählen, ob Sie alle Konten oder nur neue Konten übertragen wollen. Normalerweise übertragen Sie einmalig alle Konten und anschließend nur noch neue Konten.

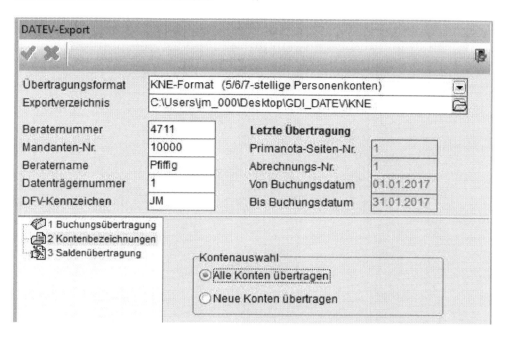

DATEV DATENEXPORT KONTEN. Beim Export im KNE Format werden nur die Kontenbeschriftungen für Sach- und Personenkonten übertragen, keine Anschriften.

Aktuell kommt bei jedem DATEV-Export im KNE-Format ein Hinweis, dass dieses Format von DATEV nur noch bis zum Jahreswechsel 2017/2018 unterstützt wird.

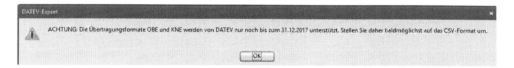

DATEV-EXPORT - HINWEIS. Stellen Sie zeitnah auf das neue CSV-Format um.

Im Anschluss an den Export der Kontenbeschriftungen können Sie ein Protokoll drucken. Das ist vor allem beim ersten DATEV-Export sinnvoll, damit Sie selbst sehen, welche Daten exportiert werden. Bitte prüfen Sie das erste Protokoll gewissenhaft.

GDI DATEV-EXPORT KNE

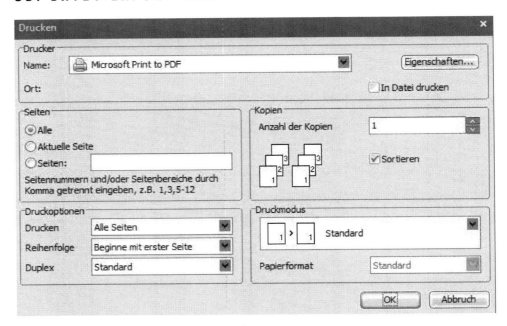

DRUCKEN. Wählen Sie den gewünschten Drucker aus.

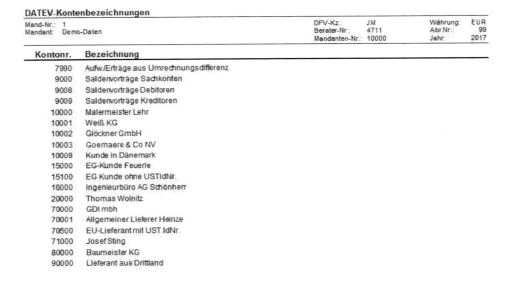

DATEV-EXPORT. Prüfen Sie insbesondere den Bereich Personenkonten.

Im Letzten Schritt können Sie die EB-Werte exportieren. Die benötigen Sie nur beim Erstmaligen DATEV-Export oder bei einem Wechsel Ihres Steuerberaters.

GDI DATEV-EXPORT KNE

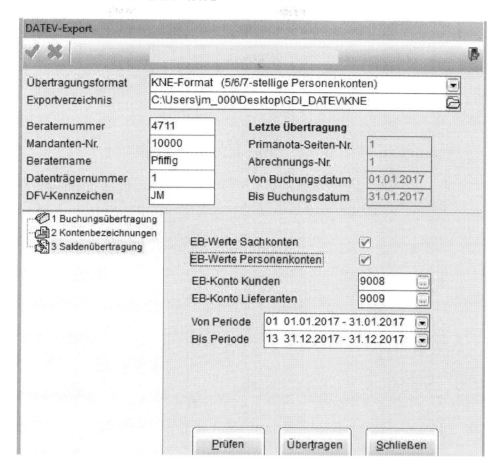

DATEV DATENEXPORT EB-WERTE. Die Salden werden in der Regel nur einmalig übertragen.

DATEV-EXPORT EB-WERTE. Hier sehen Sie, wie viele Datensätze übertragen wurden und in welche Datei.

Zum Abschluss die Übersicht der exportierten Daten aus GDI.

DATEV-EXPORT GDI. Schicken Sie alle vier Dateien zu Ihrem Steuerberater.

Testen Sie Ihr Wissen

Lernzielkontrolle

1) Welche Exportmöglichkeiten unterstützt die GDI Finanzbuchhaltung?

2) Welche Daten können Sie zur DATEV exportieren?

Praktische Übungen

Tastaturübungen

1) Installieren Sie eine GDI Finanzbuchhaltung als Demoversion.

2) Führen Sie einen DATEV-Export für Buchungen, Kontenbeschriftungen und Saldenvorträge durch.

Kapitel 5

TOPIX8 – TOPIX Business Software AG

In diesem Kapitel lernen Sie, wie der DATEV Export KNE in TOPIX8 gemacht wird.

TOPIX8 ist eines der wenigen Programme, das ursprünglich aus der MAC-Welt kommt und heute sowohl auf dem MAC, als auch auf dem PC und in gemischten Netzen eingesetzt werden kann. Im Gegensatz zu DATEV oder Lexware handelt es sich bei der TOPIX8 Finanzbuchhaltung um ein Programm, das Beleg orientiert arbeitet und Kontensalden über die Jahre automatisch ermittelt, ohne dass ein Jahresabschluss mit Saldenvorträgen gemacht werden muss.

Aus TOPIX8 kann der Anwender seine Daten wahlweise aus der Auftragsabwicklung oder aus der Finanzbuchhaltung exportieren. In unserem Beispiel interessiert nur der DATEV-Export aus der Finanzbuchhaltung.

Für die hier aufgeführten Beispiele und Screenshots arbeite ich ausschließlich am PC, d.h. im Vergleich zum MAC sehen die Menüs in einigen Punkten anders aus. Als Basis dient TOPIX8, Version 9.0.3 (Stand Februar 2017).

Die Grundlagen für den DATEV Export werden bei TOPIX8 unter Einstellungen erfasst.

 Wichtig

Beachten Sie vor allem bei der Arbeit im Mehrplatzsystem, dass ein Großteil der DATEV Einstellungen Benutzer bezogen ist. Das bedeutet für die Praxis, diese Einstellungen müssen für jeden Benutzer erfasst werden, der später einen DATEV Export erstellen will. Sonst kann es zu unterschiedlichen Ergebnissen kommen.

Wählen Sie zunächst **Datei → Einstellungen** und beachten Sie dabei, dass alle anderen Programme / Fenster in Topix geschlossen sind.

TOPIX8 DATEV EXPORT - POSTVERSANDFORMAT

EINSTELLUNGEN. Unter Einstellungen finden Sie die Grundeinrichtung der DATEV-Schnittstelle.

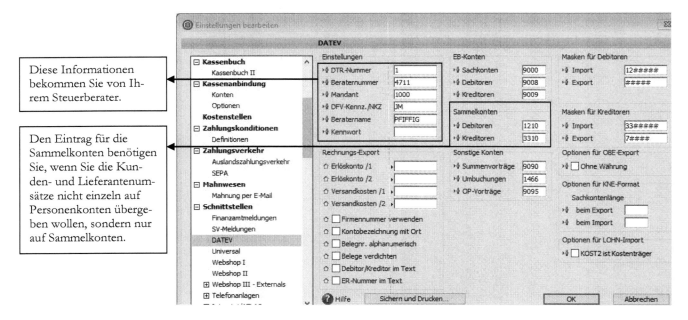

Diese Informationen bekommen Sie von Ihrem Steuerberater.

Den Eintrag für die Sammelkonten benötigen Sie, wenn Sie die Kunden- und Lieferantenumsätze nicht einzeln auf Personenkonten übergeben wollen, sondern nur auf Sammelkonten.

SCHNITTSTELLEN → DATEV. Bitte stimmen Sie die Eingaben mit Ihrem Steuerberater ab. Am besten schicken Sie einen Screenshot und stimmen die einzelnen Eingaben mit Ihm ab.

Alle Felder, die eine Person vorangestellt haben, sind benutzerspezifisch, d.h. Sie müssen für jeden Benutzer individuell konfiguriert werden. Aller Felder mit einem Häuschen sind mandantenbezogen, d.h. die hier getroffene Einstellung gilt für den Mandanten (die eigene Firma) an sich, egal, welcher Benutzer im Programm angemeldet ist.

Für das Verständnis von Topix ist wichtig, die Struktur zu kennen und zu verstehen. In Topix gibt es zunächst eine Firma. Diese Firma kann Kunde oder Lieferant sein, oder beides. Für die Übergabe in die Buchhaltung und/oder an DATEV wird deshalb jeder Firma ein ensprechendes Debitoren und/oder Kreditorenkonto zugeordnet. Im Standard sind in Topix die Firmennummern 7-stellig. Wenn Sie mit dem DATEV Export arbeiten wollen, sollten Sie die Debitoren- und Kreditorennummern datevkonform 5-stellig wählen. Alternativ können Sie in der DATEV-Schnittstelle festlegen, dass die beiden führenden Ziffern beim Export abgeschnitten werden.

Für DATEV gilt: wenn die Sachkonten 4-stellig sind, müssen die Personenkonten 5-stellig sein. Wenn Sie also mit 6-stelligen Personenkonten arbeiten wollen, müssen Sie die Sachkonten 5-stellig an DATEV exportieren. In diesem Fall ist es am einfachsten, am Ende eine 0 an die Kontonummer anzuhängen.

DATEV Schnittstelle TOPIX8 - Stammdaten

Unter **Stamm → weitere Stammdaten → Umsatzsteuercodes** sind für alle verwendeten Umsatzsteuercodes die entsprechenden DATEV Steuercodes zu ergänzen. Eine Übersicht finden Sie in jedem DATEV Kontenrahmen am Ende oder fragen Sie Ihren Steuerberater.

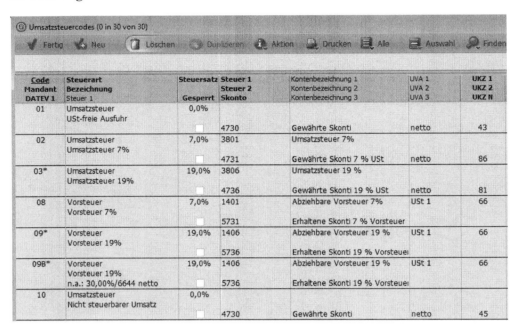

UMSATZSTEUERCODES. Prüfen Sie vor dem ersten DATEV Export, ob bei allen Umsatzsteuercodes, mit denen Sie buchen, der entsprechende Steuercode für DATEV hinterlegt ist.

Öffnen Sie dazu den jeweiligen Steuercode mit Doppelklick.

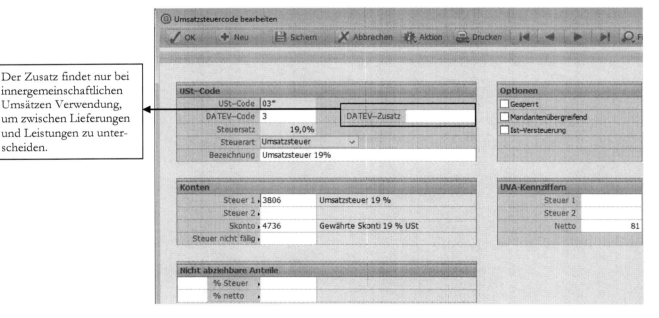

Der Zusatz findet nur bei innergemeinschaftlichen Umsätzen Verwendung, um zwischen Lieferungen und Leistungen zu unterscheiden.

UMSATZSTEUERCODE BEARBEITEN. Prüfen Sie, ob der korrekte DATEV-Code eingetragen ist.

DATEV EXPORT - POSTVERSANDFORMAT

Praxistipp

Wenn Sie Ihre Buchungen an die DATEV exportieren wollen, vermeiden Sie bitte die Verwendung von Umsatzsteuercodes mit automatischer Aufteilung in steuerbare und nicht steuerbare Anteile. Hier rechnet Topix anders als die DATEV; deshalb würde es bei einem Buchungsexport zu Differenzen kommen.

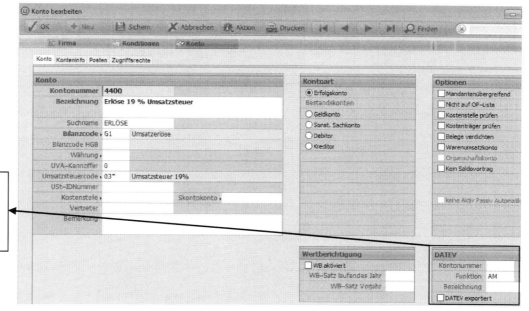

Hier finden Sie alle für den DATEV Export relevanten Kennzeichen. Das AM steht für Automatik Mehrwertsteuer.

KONTO BEARBEITEN - SACHKONTO. Im Kontenstamm haben Sie optional die Möglichkeit, ein abweichendes DATEV Konto einzutragen.

Dasselbe gilt für Personenkonten.

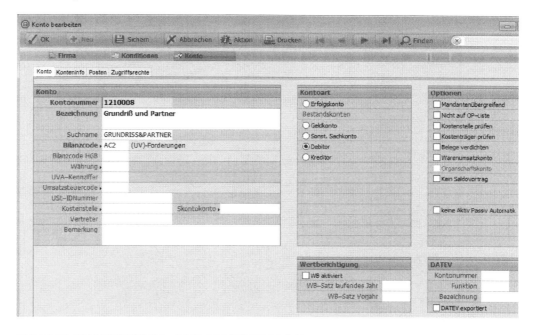

KONTO BEARBEITEN - PERSONENKONTO. Auch hier können Sie bei Bedarf ein abweichendes DATEV Konto hinterlegen. Das bietet sich z.B. an, wenn Sie versehentlich ein Konto außerhalb des Nummernkreises der DATEV angelegt haben.

DATEV Export KNE

Starten Sie den Buchhalter und wählen Sie **Datei** → **Datenexport** → **DATEV-Schnittstelle**, um Ihre Daten an für Ihren Steuerberater zu exportieren.

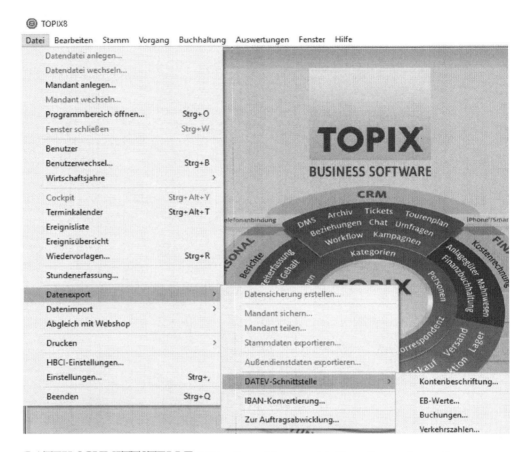

DATEV-SCHNITTSTELLE. Wählen Sie zunächst aus, welche Daten Sie exportieren wollen.

Kontenbeschriftung: Hier werden die Kontenbeschriftungen sowohl für Sachkonten, als auch für Personenkonten exportiert.

EB-Werte: Die Saldenvorträge müssen nur einmalig an den Steuerberater exportiert werden. Wenn Sie nach dem Jahresabschluss die Umbuchungsliste Ihres Steuerberaters importieren oder erfassen, müssen die Werte in TOPIX und in DATEV identisch sein. Dann reicht es für die Zukunft, die Buchungen oder die Verkehrszahlen zu exportieren.

Buchungen: Bei dieser Auswahl werden alle Buchungen einzeln exportiert. Ihr Steuerberater kann damit alle Buchungen und Geschäftsvorfälle im Detail nachvollziehen[11].

Verkehrszahlen: Hier können Sie wahlweise reinen Kontensalden exportieren oder die monatlichen Bewegungen je Konto.

---

[11] Das kann im Einzelfall sehr umfangreich sein und ist mit entsprechenden Kosten verbunden. Stimmen Sie sich hier bitte mit Ihrem Steuerberater ab.

DATEV EXPORT TOPIX8 - KNE

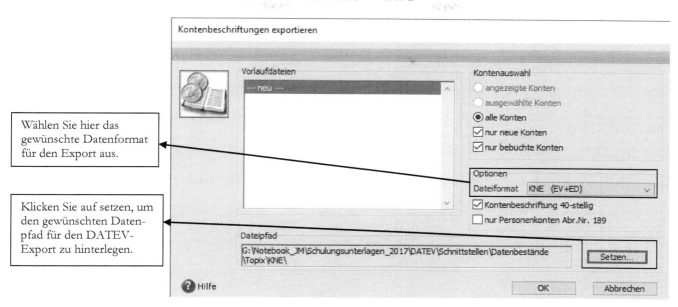

Wählen Sie hier das gewünschte Datenformat für den Export aus.

Klicken Sie auf setzen, um den gewünschten Datenpfad für den DATEV-Export zu hinterlegen.

DATEV EXPORT DETAILS. Wählen Sie hier das gewünschte Datenformat aus und hinterlegen Sie das Verzeichnis, in dem Ihre Daten gespeichert werden sollen.

DATEV EXPORT VERZEICHNIS. Hier sehen Sie die beiden Dateien, die durch den Export erzeugt wurden.

Im nächsten Schritt können Sie Ihre EB-Werte exportieren.

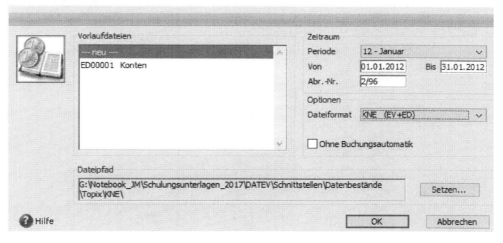

DATEV EXPORT EB-WERTE[12]. Die EB-Werte müssen nur einmalig exportiert werden, wenn Sie zum ersten Mal einen DATEV Export machen, oder wenn Sie Ihren Steuerberater wechseln.

---

[12] Leider sind die Demodaten bei TOPIX nicht aktuell, so dass ich den Export leider nur mit Daten aus 2012 zeigen kann. Da es hier lediglich im den Ablauf geht, spielt das aber keine Rolle. In der Praxis exportieren Sie natürlich Ihre aktuellen Daten.

DATEV EXPORT TOPIX8 - KNE

Im letzten Schritt werden die Buchungen exportiert.

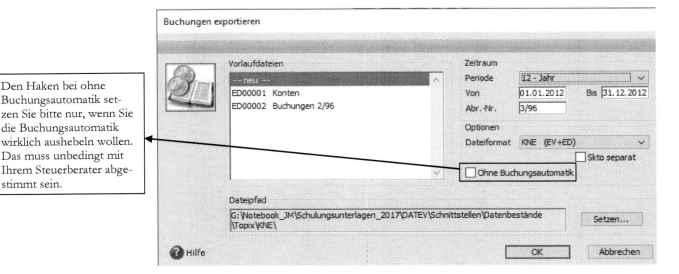

Den Haken bei ohne Buchungsautomatik setzen Sie bitte nur, wenn Sie die Buchungsautomatik wirklich aushebeln wollen. Das muss unbedingt mit Ihrem Steuerberater abgestimmt sein.

DATEV EXPORT BUCHUNGEN. Die Buchungen können monatlich, quartalsweise oder jährlich exportiert werden.

Im Anschluss können Sie über die Funktion Dateien prüfen kontrollieren, welche Daten Sie exportiert haben.

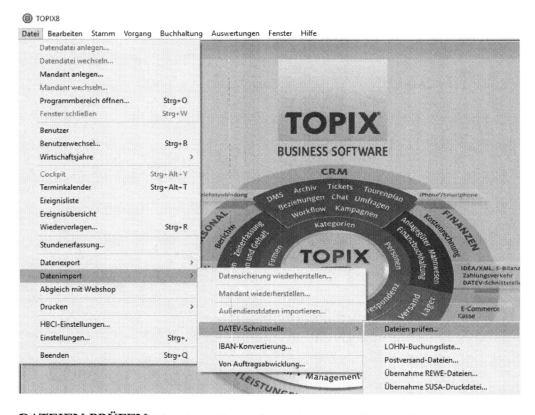

DATEIEN PRÜFEN. Ob nach dem Export oder vor einem Import gibt Ihnen die Funktion Dateien prüfen die Möglichkeit, zu sehen, welche Daten in der Datei enthalten sind, ohne wirklich einen Import durchzuführen.

DATEV EXPORT TOPIX8 - KNE

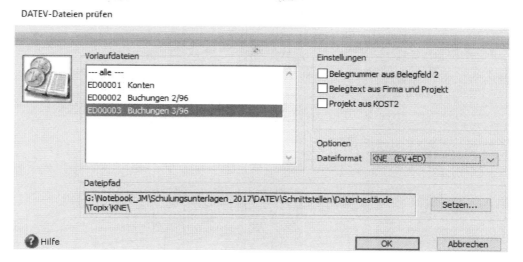

DATEIEN PRÜFEN - AUSWAHL. Wählen Sie, welche Datei Sie prüfen wollen.

Nach der Auswahl der Datei wird quasi ein Import simuliert und Sie haben die Möglichkeit, ein Protokoll zu drucken mit dem Inhalt der Datei.

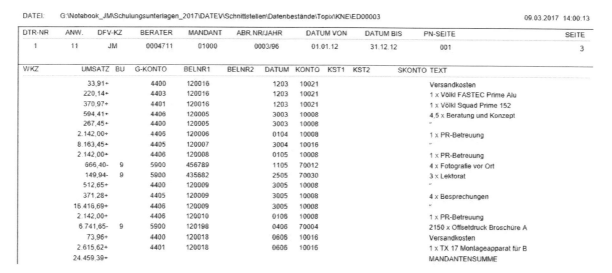

DATEIEN PRÜFEN - PROTOKOLL. Im Protokoll können Sie die Daten kontrollieren, bevor Sie einen echten Import durchführen.

DATEV EXPORT KOMPLETT. So sieht Ihr Exportverzeichnis nach dem vollständigen Datenexport aus.

Bitte komprimieren Sie die Daten, bevor Sie diese per Mail an Ihren Steuerberater verschicken. So verhindern Sie, dass die Dateien vom E-Mail Programm verändert werden und anschließend für den Steuerberater unter Umständen nicht mehr lesbar sind.

☺ Testen Sie Ihr
Wissen

Lernzielkontrolle

1) Wie können Sie bei TOPIX8 einen DATEV Import vorab prüfen?

2) Was ist bei den Steuerschlüsseln zu beachten?

3) Wo finden Sie die Umsatzsteuerschlüssel der DATEV?

Praktische Übungen

1) Erzeugen Sie einen DATEV Export KNE für einen Monat, inkl. Kontenbeschriftung und EB-Werten.

2) Prüfen Sie die exportierten Daten.

Kapitel 6

DATEV – Postversanddaten einlesen und ausgeben

Hier lernen Sie, wie Sie beliebige Postversanddaten in DATEV einlesen und wie Sie Daten im Format Postversand exportieren können.

Um Daten in der DATEV einzulesen, starten Sie die Mandantenbuchhaltung und wählen Sie unter Buchführung die Stapelverarbeitung. Hier können Sie dann wählen, ob Sie Postversanddaten importieren wollen, oder Daten, die im DATEV-Format vorliegen.

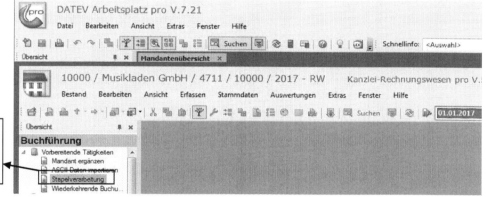

Unter Stapelverarbeitung können Sie Daten aus Fremdsystemen importieren.

BUCHFÜHRUNG. Der Import von Kontenbeschriftungen und Buchungen erfolgt in der Stapelverarbeitung.

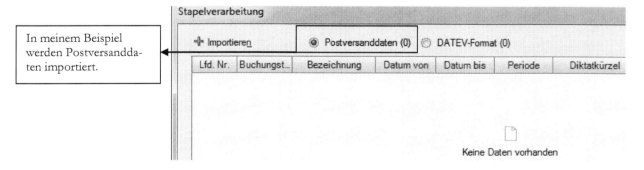

In meinem Beispiel werden Postversanddaten importiert.

STAPELVERARBEITUNG. Wählen Sie, das gewünschte Format und klicken Sie anschließend auf Importieren.

© New Earth Publishing

DATEV Postversanddaten importieren

Wählen Sie Postversanddaten und klicken Sie auf importieren.

Beim Aufruf von Importieren prüft das Programm im Standard Verzeichnis Export, ob Daten für den Import vorliegen.

Unter den Links in den Meldungen erreichen Sie von DATEV zur Verfügung gestellte Dokumente, die weitere Hinweise zur Meldung geben.

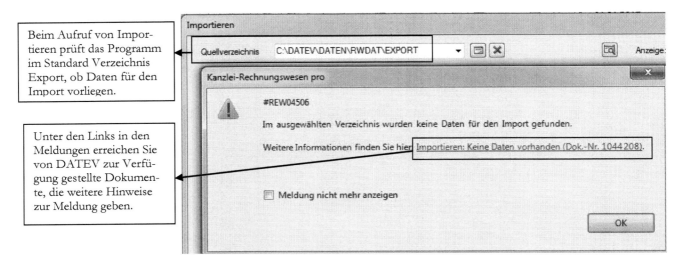

IMPORT - HINWEIS. Die Meldung zeigt an, dass im Standard Export Verzeichnis keine Postversanddaten für den Import vorliegen.

Die Dokumentation bei DATEV ist sehr ausführlich und informativ gestaltet. Unter der im Hinweis angegebenen Dokumentennummer können Sie auch direkt im Internet auf der Seite der DATEV suchen. Ein Großteil der Dokumentationen[13] ist frei zugänglich.

IMPORT - AUSWAHL. Wählen Sie das Verzeichnis aus, in dem die Postversanddaten für den Import abgelegt sind.

---

[13] Die Hinweise und Dokumentationen im und zum Programm sind in der Regel sehr ausführlich und gut zu verstehen. Wenn Sie bei einem Thema unsicher sind, empfehle ich Ihnen, sich hier einmal einzulesen.

DATEV POSTVERSANDDATEN IMPORTIEREN

Für den Datenimport gibt es unterschiedliche Ansätze. Es gibt Steuerberater, die alle zu importierenden Daten im Exportverzeichnis ablegen. Andere wiederum holen sich die Daten aus der Kundenakte[14].

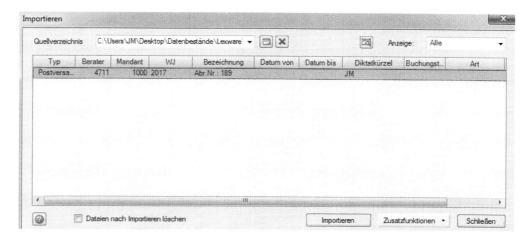

IMPORTIEREN. Wählen Sie die gewünschte Datei aus und klicken Sie auf importieren.

Wenn der ausgewählte Datenbestand vom Kopfsatz her nicht um geöffneten Mandanten passt, kommt vom Programm eine entsprechende Meldung, dass der Import nicht durchgeführt werden kann.

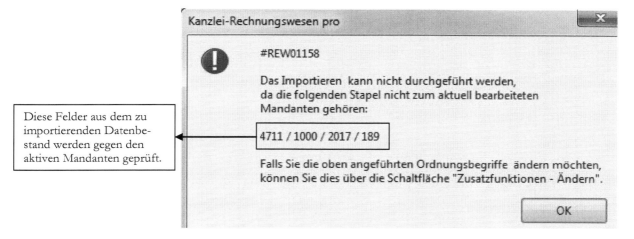

Diese Felder aus dem zu importierenden Datenbestand werden gegen den aktiven Mandanten geprüft.

HINWEIS. Der Import kann nicht durchgeführt werden.

Wenn dieser Hinweis kommt, prüfen Sie bitte genau, was es für eine Abweichung vom Datenbestand zu Ihrem in DATEV ausgewählten Mandant gibt.

Sofern der Datenbestand korrekt ist und es nur durch einen Eingabefehler bei Ihrem Kunden zu dieser Fehlermeldung gekommen ist, haben Sie die Möglichkeit, die Kopfdatei anzupassen. In unserem Beispiel hat der Kunde versehentlich bei der Mandantennummer die 1000 eingegeben statt der 10000. Um den Import gleich testen zu können, ändern Sie den Kopfsatz entsprechend ab.

---

[14] Das Ablagesystem ist eine sehr individuelle Geschichte, die Sie bitte intern innerhalb Ihrer Kanzlei klären.

DATEV POSTVERSANDDATEN IMPORTIEREN

Dazu wählen Sie unter Zusatzfunktionen den Punkt „Ändern".

IMPORT - ZUSATZFUNKTIONEN. Wählen Sie ändern, um den Datenbestand anzupassen.

Markieren Sie den Datensatz. Rechts unter Änderungen werden jetzt die Informationen aus dem geöffneten Mandanten in DATEV angezeigt. Klicken Sie auf OK, um die Änderungen zu übernehmen und den Datenbestand entsprechend anzupassen.

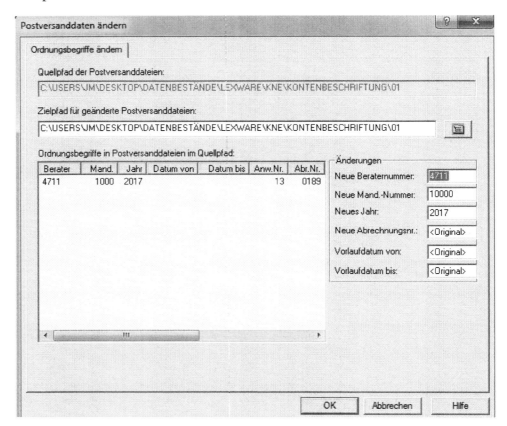

ORDNUNGSBEGRIFFE ÄNDERN. Bitte prüfen Sie den ausgewählten Datenpfad und die ausgewählte Datei, bevor Sie die Änderungen übernehmen.

Parallel zur Änderung der Daten sollten Sie Ihren Mandanten über die erforderlichen Korrekturen informieren, damit die Datenlieferung beim nächsten Mal gleich korrekt ist.

DATEV POSTVERSANDDATEN IMPORTIEREN

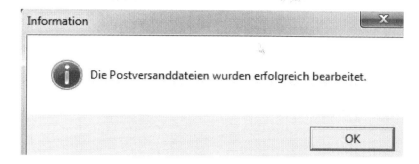

HINWEIS. Sie erhalten eine Meldung über die erfolgreiche Änderung.

Anschließend wird wieder das Änderungsfenster angezeigt. Diesmal stimmen die Ordnungsbegriffe der Postversanddaten mit den vorgeschlagenen Änderungen überein.

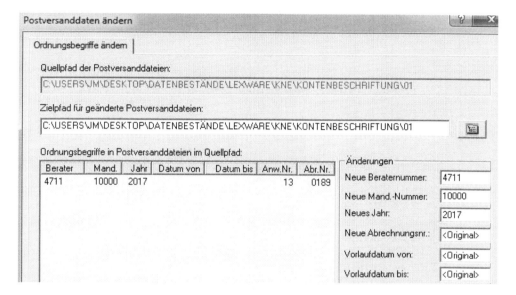

POSTVERSANDDATEN ÄNDERN 2. Wählen Sie diesmal bitte abbrechen, um den Vorgang zu beenden.

Im nächsten Schritt können Sie die Daten jetzt in Ihren DATEV-Datenbestand importieren und verarbeiten.

POSTVERSANDDATEN IMPORTIEREN. Wählen Sie OK, um die Daten einzulesen.

Beim Import wird der Hinweis eingeblendet, dass es sich bei dem KNE Postversandformat um ein veraltetes Format handelt, dass zum Jahreswechsel bei DATEV eingestellt wird. Weisen Sie Ihren Mandanten bitte darauf hin, dass er seinen Datenexport zum Jahreswechsel 2017/2018 auf das neue DATEV-Format umstellen muss.

DATEV POSTVERSANDDATEN IMPORTIEREN

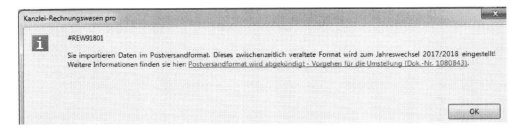

HINWEIS. Das Postversandformat wird zum nächsten Jahreswechsel eingestellt.

Der importiert Stapel wird jetzt in der Übersicht angezeigt und kann verarbeitet werden.

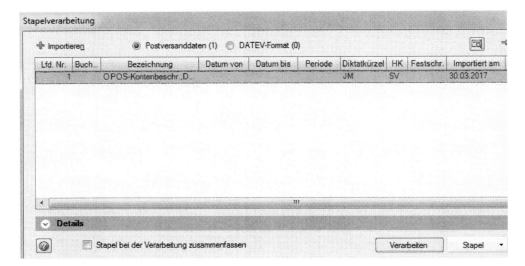

STAPELVERARBEITUNG. Wählen Sie verarbeiten, um die Kontenbeschriftungen zu übernehmen.

Nach der erfolgreichen Verarbeitung kommt ein entsprechender Hinweis. Sollte der Stapel fehlerhaft sein, kommt ein entsprechendes Fehler- oder Hinweisprotokoll.

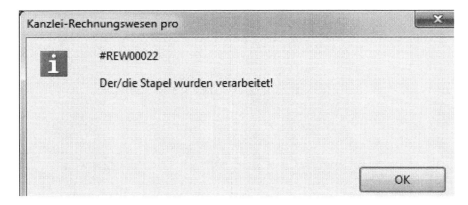

VERARBEITUNGSQUITTUNG. Klicken Sie auf OK, um das Meldefenster zu schließen.

Anschließend sehen Sie das leere Stapelverarbeitungsfenster.

DATEV POSTVERSANDDATEN IMPORTIEREN

STAPELVERARBEITUNG. Wählen Sie abbrechen, um den Vorgang zu beenden oder importieren Sie den nächsten Stapel.

Zur Kontrolle sollten Sie anschließend den Debitorenstamm öffnen und prüfen, welche Konten angelegt wurden.

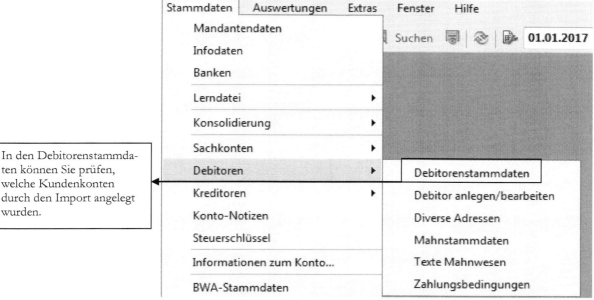

> In den Debitorenstammdaten können Sie prüfen, welche Kundenkonten durch den Import angelegt wurden.

DEBITOREN. Kontrollieren Sie zumindest in der Anfangsphase, welche Daten importiert wurden und ob die Daten plausibel sind.

DEBITOREN AUS LEXWARE. Beim Import von Personenkonten aus Lexware werden bereits im KNE-Format die kompletten Anschriften mitgeliefert, sofern Sie im Lexware Buchhalter angelegt sind..

Prüfen Sie anschließend auch die importierten Kreditorenkonten.

DATEV POSTVERSANDDATEN IMPORTIEREN

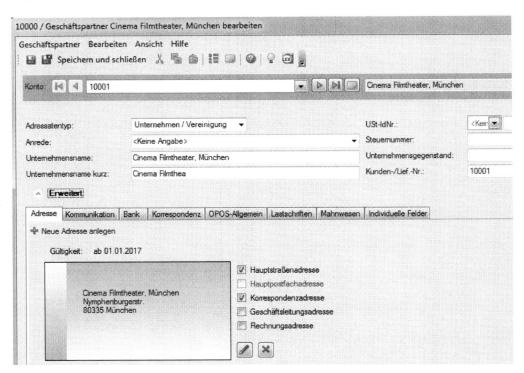

DEBITOREN. Öffnen Sie einen Datensatz, um zu prüfen, welche Daten übernommen wurden.

Der Import von Buchungen erfolgt genauso, wie der Import der Kontenbeschriftungen. Sie öffnen die Stapelverarbeitung, wählen den zu importierenden Buchungsbestand und führen den Import durch.

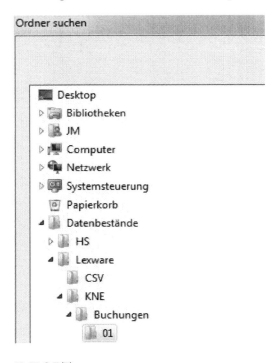

IMPORT. Wählen Sie den Ordner mit dem Datenbestand für den Import aus.

DATEV POSTVERSANDDATEN IMPORTIEREN

IMPORT - AUSWAHL. Markieren Sie den Datenbestand, den Sie importieren wollen.

STAPELVERARBEITUNG. Markieren Sie den oder die Stapel für die Verarbeitung.

Bei jeder Stapelverarbeitung haben Sie die Möglichkeit, einen neuen Buchungsstapel anzulegen. Dabei haben Sie optional die Möglichkeit, mehrere importierte Datenbestände in einem Buchungsstapel zusammenzufassen[15].

BUCHUNGSSTAPEL ANLEGEN. Erfassen Sie die Daten, mit denen Sie einen neuen Buchungsstapel anlegen wollen.

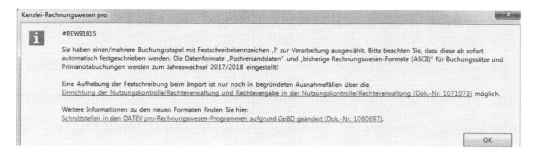

HINWEIS. Obwohl der Buchungsimport kein Festschreibungskennzeichen enthält (es steht ein Fragezeichen im entsprechenden Feld) werden die Buchungen bei der Stapelverarbeitung in DATEV automatisch festgeschrieben.

---

[15] Das macht in meinen Augen vor allem dann Sinn, wenn Ihr Mandant für einen bestimmten Monat noch einzelne Buchungen nachliefert.

DATEV POSTVERSANDDATEN IMPORTIEREN

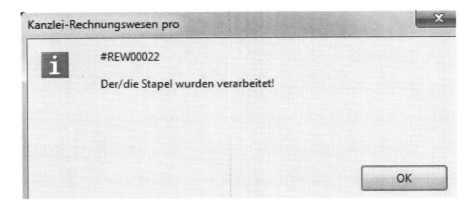

MELDUNG. Der Stapel wurde verarbeitet.

Gibt es bei der Verarbeitung Fehler oder Hinweise, so wird vom Programm automatisch ein Fehlerprotokoll erstellt und Sie können dann an Hand des Protokolls entscheiden, ob der Stapel trotz der Fehler verarbeitet werden soll, oder nicht.

DATEV Daten exportieren

Wählen Sie im Menü Buchführung **Finanzbuchhaltung auswerten** → **Primanota**, um sich die vorhanden Buchungstapel anzeigen zu lassen.

PRIMANOTA. In der Primanota finden Sie alle verfügbaren Buchungsstapel.

Beachten Sie als Steuerberater, dass Sie für alle Buchungen, die Sie für Ihren Mandanten exportieren wollen, jeweils einen eigenen Buchungsstapel anlegen.

DATEV DATEN EXPORTIEREN

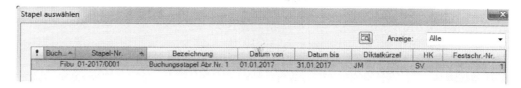

STAPEL AUSWÄHLEN. Öffnen Sie den Buchungsstapel, den Sie exportieren wollen.

In der aktuellen Programmversion steht Ihnen im Standard nur noch der Export im DATEV-Format zur Verfügung[16].

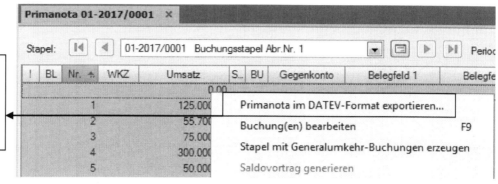

> Mit der Funktion Primanote exportieren wird der komplette Stapel exportiert, unabhängig davon, ob eine oder mehrere Buchungen markiert wurden.

PRIMANOTA. Wählen Sie: Primanota im DATEV-Format exportieren.

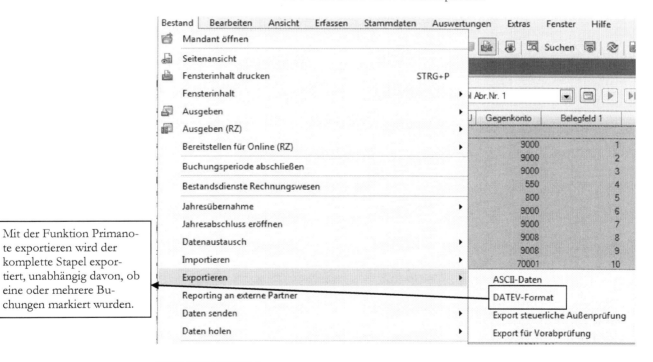

> Mit der Funktion Primanote exportieren wird der komplette Stapel exportiert, unabhängig davon, ob eine oder mehrere Buchungen markiert wurden.

EXPORTIEREN. Wählen Sie DATEV-Format.

Wählen Sie den oder die Stapel aus und tragen Sie den Datenpfad für die Exportdateien ein.

---

[16] Den Datenexport im Postversandformat KNE können Sie sich aktuell noch von der DATEV separat freischalten lassen.

DATEV DATEN EXPORTIEREN

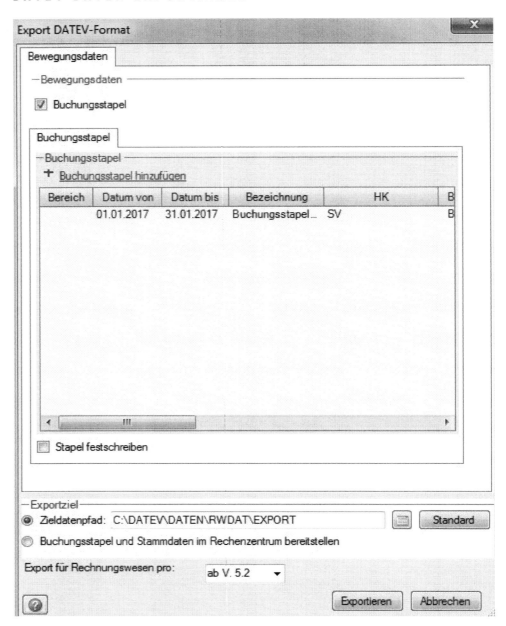

EXPORT DATEV-FORMAT. Tragen Sie die gewünschten Optionen ein und hinterlegen Sie ein Zielverzeichnis für die Daten.

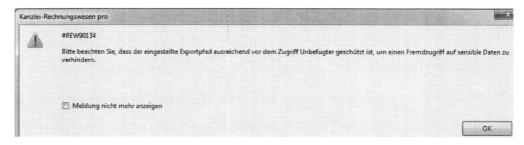

HINWEIS. Beim Datenexport wird ein Hinweis eingeblendet, der Sie auffordert, die Sicherheit der exportierten Daten zu gewährleisten. Bitte gehen Sie sorgfältig mit den Daten Ihrer Mandanten um. Im Falle eines unberechtigten Zugriffs könnten Sie haftbar gemacht werden.

DATEV DATEN EXPORTIEREN

Zum Abschluss erhalten Sie ein Protokoll mit dem Hinweis, welche Daten exportiert wurden.

PROTOKOLL. An Hand des Protokolls sehen Sie, dass der Export fehlerfrei abgeschlossen wurde.

Im Exportverzeichnis finden Sie jetzt den Buchungsstapel als CSV-Datei.

EXPORTVERZEICHNIS. In Ihrem gewählten Verzeichnis finden Sie jetzt den exportierten Buchungsstapel.

Fragen zur Lernzielkontrolle

☺ Testen Sie Ihr Wissen

1) Was versteht man unter Primanota?

2) In welchen Formaten können Sie aktuell aus der DATEV Daten exportieren?

3) Was ist der Unterschied zwischen dem DATEV-Format und dem Export für die steuerliche Außenprüfung?

Praktische Übungen

 Tastaturübungen

1) Erstellen Sie einen Export im DATEV-Format für einen ausgewählten Buchungsstapel.

2) Prüfen Sie die exportierten Daten in Excel.

Kapitel 7

Lexware Daten exportieren im DATEV-Format.

In diesem Kapitel lernen Sie den Export im neuen DATEV-Format kennen.

Die Umsatzsteuervoranmeldung wird in der Regel monatlich abgegeben. In der Sage New Classic wird zusätzlich die vierteljährliche Anmeldung unterstützt. Wir benötigen zur Einrichtung der erforderlichen Grundlagen die Steuernummer, das Finanzamt inkl. Finanzamtsnummer, den Anmeldezeitraum und die Firmenanschrift inkl. Telefon und den zuständigen Sachbearbeiter. Wird die Umsatzsteuervoranmeldung von einem externen Dritten (Steuerberater, Buchhaltungsservice) erstellt, können diese Informationen unter der Auswahl Mitwirkende eingetragen werden.

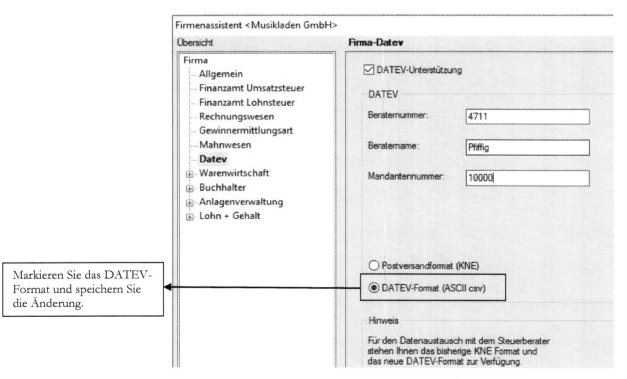

Markieren Sie das DATEV-Format und speichern Sie die Änderung.

FIRMENASSISTENT - DATEV. Wählen Sie, welches Format Sie verwenden wollen.

Daten im DATEV-Format exportieren

Starten Sie den Buchhalter und wählen Sie **Datei → DATEV-Schnittstelle → DATEV-Export**, um Ihre Daten im Leware Buchhalter pro im DATEV-Format zu exportieren.

DATEV-EXPORT. Starten Sie den DATEV-Export.

Beginnen Sie mit dem Export der Kunden und Lieferantendaten.

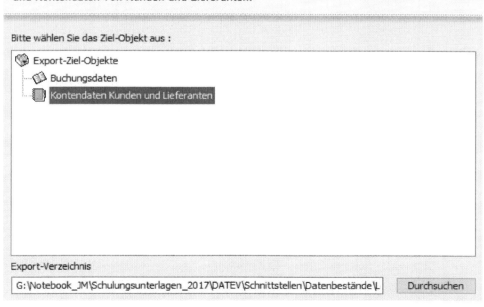

AUSWAHL. Sinnvoll ist es, immer mit den Kunden- und Lieferantendaten zu beginnen.

DATEN IM DATEV-FORMAT EXPORTIEREN - LEXWARE

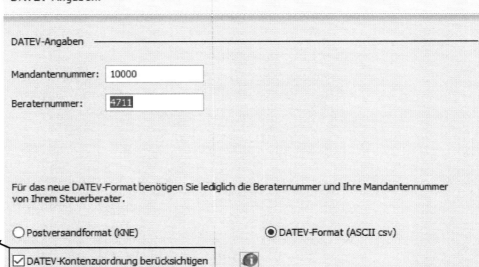

Wichtig ist, den Haken zu setzen, damit die DATEV-Kontenzuordnung, die Sie in den Stammdaten gemacht haben, beim Export auch berücksichtigt wird.

DATEV-ANGABEN. Kontrollieren Sie Mandanten- und Beraternummer und wählen Sie das gewünschte Export-Format.

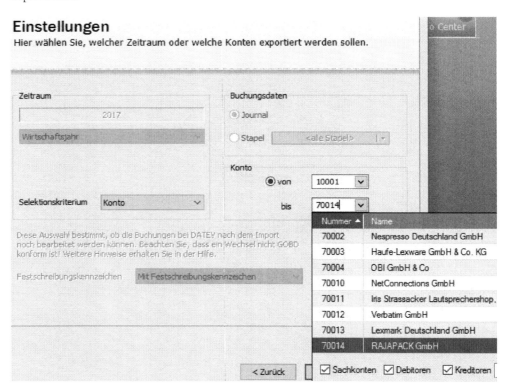

EINSTELLUNGEN. Wählen Sie, Personenkonten exportiert werden sollen.

Vor dem Export werden Sie ausgewählten Konten in einer Übersicht angezeigt, so dass Sie Ihre Auswahl prüfen können.

Export-Daten

Hier erhalten Sie eine Übersicht über die zu exportierenden Daten.

EXPORT-DATEN. Prüfen Sie die Übersicht, bevor Sie die Exportdatei erzeugen.

Wählen Sie das Verzeichnis, in dem die Daten gespeichert werden und ändern Sie bei Bedarf den Dateinamen.

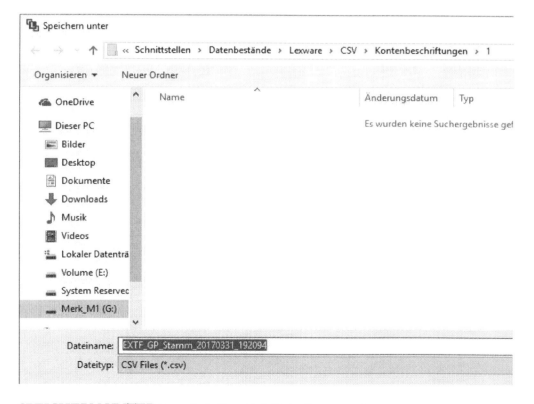

SPEICHERN UNTER. Legen Sie das Verzeichnis für den Datenexport fest.

DATEN IM DATEV-FORMAT EXPORTIEREN - LEXWARE

Im Anschluss an den Export kommt eine Bestätigungsmeldung.

MELDUNG. In unserem Beispiel wurden 17 Datensätze exportiert.

Zusätzlich können Sie noch ein Exportprotokoll drucken.

```
DtvExport - Editor
Datei  Bearbeiten  Format  Ansicht  ?
Überschrift: DtvExport
Name der Firma: Musikladen GmbH
31/03/2017
Name der Datei: DtvExport.log
Anzahl der exportierten Kontendaten Kunden und Lieferanten gesamt: 17
```

EXPORTPROTOKOLL. Hier sehen Sie, wann für welche Firma wie viele Kontendaten exportiert wurden.

Im Anschluss an die Personenkonten exportieren Sie die Buchungsdaten.

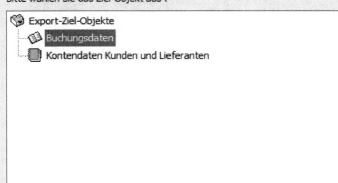

AUSWAHL. Buchungsdaten exportieren.

DATEN IM DATEV-FORMAT EXPORTIEREN - LEXWARE

Die erste Maske ist mit dem Export der Konten identisch.

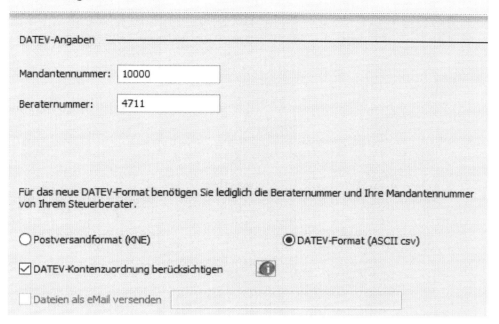

DATEV-ANGABEN. Wählen Sie die gewünschten Optionen.

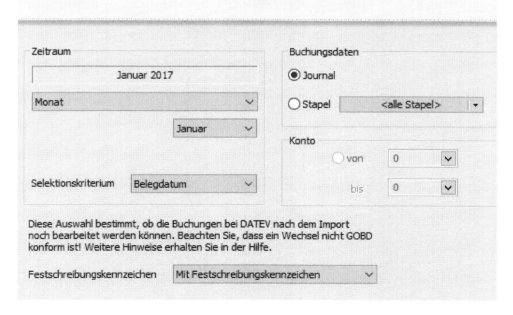

EINSTELLUNGEN. Wählen Sie die Periode, für die Sie Buchungen exportieren wollen.

Normalerweise exportieren Sie die Buchungen aus dem Journal. Die Möglichkeit, einzelne Buchungsstapel zu exportieren nutzen Sie in der Regel nur dann, wenn Sie nach dem DATEV-Export noch weitere Buchungen erfasst haben, die in eine bereits exportierte Periode gehören. Dann hat Ihr Steuerberater die Möglichkeit, den Buchungsstapel zusätzlich einzulesen.

Auch hier erhalten Sie eine Übersicht der Buchungen angezeigt und können so stichprobenartig prüfen, ob die richtigen Daten exportiert wurden.

Export-Daten

Hier erhalten Sie eine Übersicht über die zu exportierenden Daten.

In der Spalte "Auswahl" haben Sie die Möglichkeit Datensätze zu deselektieren. Diese werden dann beim Export nicht berücksichtigt.

Nr.	Auswahl	Umsatz	Gegenkonto	Schlüssel	Beleg-Nr. 1	Beleg
1	☑	125.000,00	9000	0	1	
2	☑	55.700,00	9000	0	2	
3	☑	75.000,00	9000	0	3	
4	☑	300.000,00	550	0	4	
5	☑	50.000,00	800	0	5	
6	☑	2.250,00	9000	0	6	
7	☑	126.292,75	9000	0	7	
8	☑	2.261,00	9008	0	8	
9	☑	7.586,25	9008	0	9	

EXPORT-DATEN. Bitte prüfen Sie die Daten, bevor Sie die Exportdatei weitergeben.

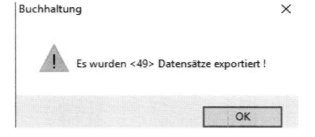

HINWEIS. Der Hinweis zeigt Ihnen, wie viele Buchungen exportiert wurden.

Optional können Sie jetzt noch das Exportprotokoll speichern.

EXPORTPROTOKOLL. Optional können Sie die Exportprotokolle gemeinsam mit den exportierten Daten speichern.

Wenn Sie jetzt die beiden exportierten Dateien in Excel öffnen, werden Sie feststellen, dass es sowohl in der Datei mit den Kontenbeschriftungen, als auch in der Datei mit den Buchungen einen Vielzahl zusätzlicher Felder gibt im Vergleich um KNE Postversandformat[17].

Fragen zur Lernzielkontrolle

☺ **Testen Sie Ihr Wissen**

1) Warum sollten Sie immer zuerst die Konten exportieren und importieren?

2) Welche Informationen finden Sie im Exportprotokoll?

3) Warum sollten Sie in der Regel die Buchungen aus dem Journal exportieren?

4) Wofür eignet sich der Stapelexport?

Praktische Übungen

Tastaturübungen

1) Exportieren Sie die Personenkonten im DATEV-Format.

2) Exportieren Sie die Januarbuchungen im DATEV-Format.

3) Prüfen Sie die exportierten Daten in Excel.

---

[17] Als Softwareentwickler haben Sie die Möglichkeit, unter https://www.datev.de/web/de/datev-shop/betriebliches-rechnungswesen/schnittstellen-entwicklungsleitfaden-fuer-das-datev-format/ einen Schnittstellen-Entwicklungsleitfaden zum Preis von EUR 280,00 zu bestellen. Dabei wird Ihnen zusätzlich zur Dateibeschreibung ein Prüfprogramm zur Verfügung gestellt, mit dem Sie exportierte Daten auf einen korrekten Aufbau hin prüfen können.

Lexware Kontenbeschriftungen importieren

📁 **Wichtig**

Bevor Sie in Lexware Kontenbeschriftungen importieren, empfehle ich Ihnen grundsätzlich, zunächst eine aktuelle Datensicherung anzulegen.

Im Falle einer Datenübernahme aus einem Fremdsystem, wenn Sie diesen mit Hilfe eines DATEV-Imports machen wollen, bietet sich folgende Vorgehensweise an: Legen Sie einen neuen Mandanten an. Stellen Sie im Firmenassistenten unter Warenwirtschaft-Allgemein ein, Fibu-Kontonummer von Kunden-/Lieferantennummer übernehmen. Bitte denken Sie daran, dass Sie bei einem Datenimport immer einige Felder im Kunden- und Lieferantenstamm nacharbeiten und prüfen müssen.

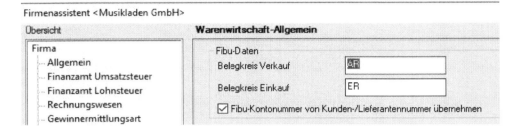

FIRMENASSISTENT. Bitte prüfen Sie, ob der Haken bei Fibu-Kontonummer von Kunden-/Lieferantennummer übernehmen gesetzt ist, damit beim Import automatisch zu den Debitoren und Kreditoren auch mit derselben Nummer die dazugehörigen Kunden und Lieferanten angelegt werden.

Nur so ist gewährleistet, dass beim Import von Kontenbeschriftungen für Debitoren und Kreditoren automatisch neben den Fibukonten auch gleich die Datensätze für die Kunden und Lieferanten angelegt werden.

Wählen Sie im Menü Buchführung **DATEV-Schnittstelle** → **DATEV-Import**, um Kontenbeschriftungen und Buchungen aus der DATEV zu importieren.

DATEV-SCHNITTSTELLE. Starten Sie den DATEV-Import.

LEXWARE KONTENBESCHRIFTUNGEN IMPORTIEREN

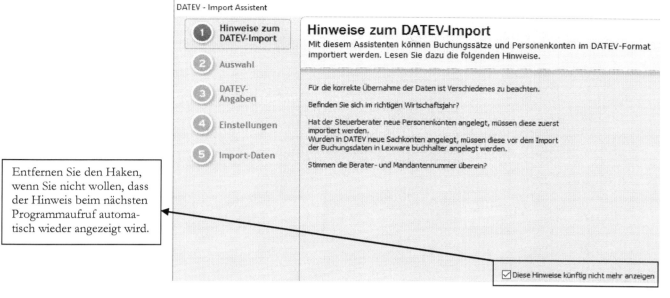

Entfernen Sie den Haken, wenn Sie nicht wollen, dass der Hinweis beim nächsten Programmaufruf automatisch wieder angezeigt wird.

HINWEISE ZUM DATEV-IMPORT. Bitte lesen Sie die Hinweise und prüfen Sie die Daten und die korrekte Reihenfolge der Dateien beim DATEV-Import.

In der Auswahl legen Sie zunächst das Datenverzeichnis fest, in dem Sie die zu importierenden Daten abgelegt haben.

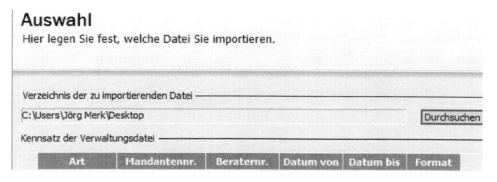

AUSWAHL. Klicken Sie auf durchsuchen, um das gewünschte Datenverzeichnis auszuwählen.

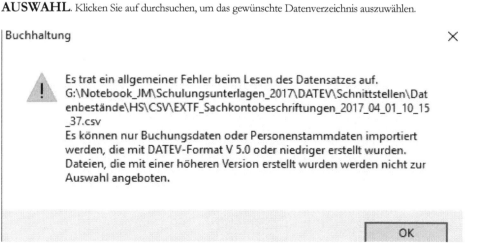

HINWEIS. Bei der Verzeichnisauswahl kommt ein Hinweis, dass nur Daten, die mit einer bestimmten DATEV-Version erstellt wurden, importiert werden können. Im Folgenden konnte ich die Daten trotzdem einlesen.

LEXWARE KONTENBESCHRIFTUNGEN IMPORTIEREN

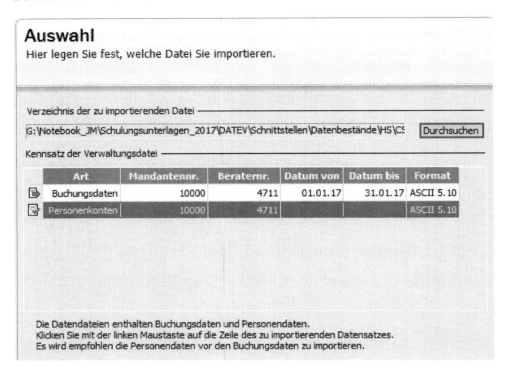

AUSWAHL. Wenn Sie mehrere Dateien zu importieren haben, fangen Sie bitte immer mit den Personenkonten und den Kontenbeschriftungen an.

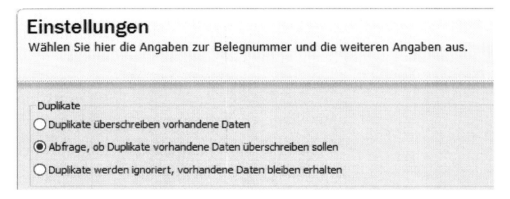

EINSTELLUNGEN. Optional können Sie einstellen, ob Duplikate automatisch überschrieben werden sollen, oder nicht. In unserem Beispiel habe ich die Abfrage gewählt, so dass ich bei jeder Doublette gefragt werde.

Die Einstellung mit der Abfrage ist in der Praxis nur bei kleineren Datenbeständen sinnvoll. Bei großen Datenmengen geht nur die Möglichkeit: Datensicherung erstellen, Daten importieren, Daten prüfen. Bei Fehlern: Daten rücksichern und erst einmal die Fehlerursache ermitteln.

LEXWARE KONTENBESCHRIFTUNGEN IMPORTIEREN

IMPORT-DATEN. Die zu importierenden Daten werden vorab angezeigt und Sie können bei Bedarf einzelne Datensätze demarkieren, um einen Import zu verhindern.

DOUBLENTTENPRÜFUNG. Mit aktivierter Doublettenprüfung kommt jetzt bei jedem bereits vorhandenen Datensatz eine entsprechende Abfrage, die einzeln bestätigt werden muss.

Im Anschluss wird angezeigt, wie viele Datensätze importiert wurden.

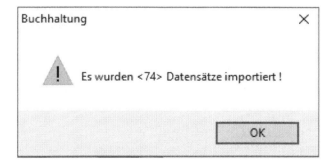

HINWEIS. Bestätigung des Datenimports. Klicken Sie auf OK, um fortzufahren.

© New Earth Publishing — Amazon PoD

LEXWARE KONTENBESCHRIFTUNGEN IMPORTIEREN

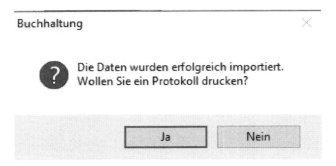

ABFRAGE. In der Anfangsphase empfehle ich den Protokolldruck.

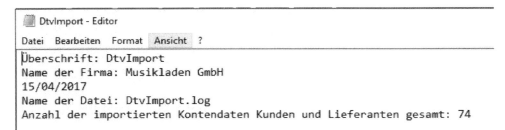

PROTOKOLL. Bitte speichern Sie das Protokoll, damit die Datenimporte später noch nachvollziehbar sind.

In unserem Beispiel wurden die Konten mit Anschrift angelegt und die Kundennummern wurden automatisch mit der Kontonummer vorbelegt.

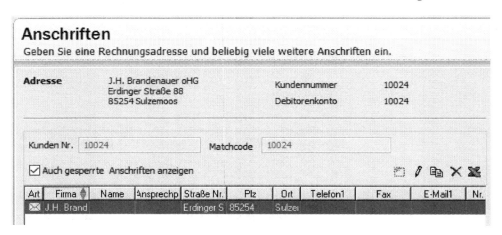

ANSCHRIFTEN. Prüfen Sie stichprobenartig, ob die Anschriften korrekt übernommen wurden.

Im Anschluss an den Datenimport sollten Sie systematisch alle fehlenden Informationen ergänzen, bevor Sie anfangen, mit dem Programm zu arbeiten.

LEXWARE Buchungen importieren

Im nächsten Schritt werden die Buchungen importiert.

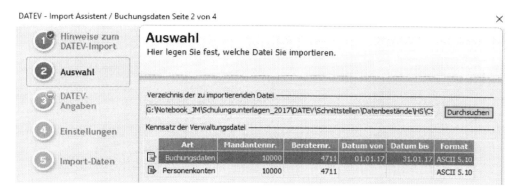

DATEV-IMPORT. Markieren Sie die Datei mit den Buchungen und starten Sie den Import.

Erfassen Sie in den Einstellungen alle Optionen, die Sie für den Import anwenden wollen. Dabei sollten Sie grundsätzlich alle Buchungen in einen eigenen Buchungsstapel importieren und nicht ins Journal. Nur wenn Sie einen Buchungsstapel importieren, haben Sie die Möglichkeit, den Import bei Bedarf zu löschen und zu wiederholen.

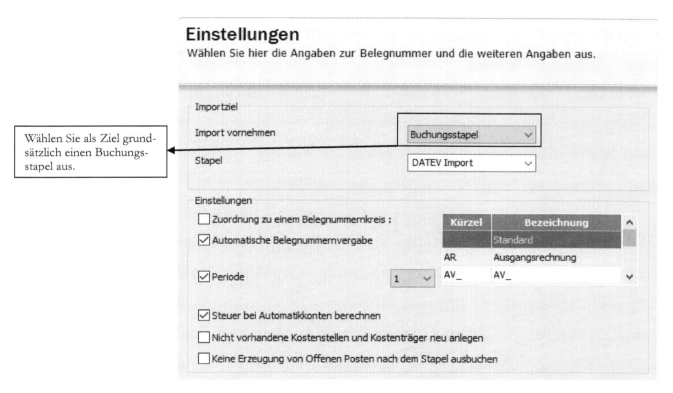

Wählen Sie als Ziel grundsätzlich einen Buchungsstapel aus.

EINSTELLUNGEN. Setzen Sie die gewünschten Optionen für den Buchungsimport.

DATEN IM DATEV-FORMAT EXPORTIEREN - LEXWARE

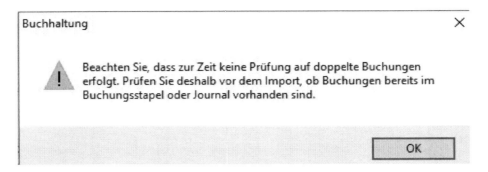

BUCHHALTUNG - HINWEIS. In meinem Beispiel ist die Prüfung auf doppelte Buchungen deaktiviert. In der Praxis ist es sicher sinnvoll, die Prüfung zu aktivieren, um einen mehrfachen Import von Buchungen zu vermeiden.

Zunächst werden die Buchungen aus der Importdatei zur Kontrolle am Bildschirm angezeigt. Hier besteht die Möglichkeit, einzelne Buchungen auszuwählen und nur einen Teil der Datei zu importieren.

Import-Daten
Hier erhalten Sie eine Übersicht über die zu importierenden Daten.

In der Spalte "Auswahl" haben Sie die Möglichkeit Datensätze zu deselektieren.
Diese werden dann beim Import nicht berücksichtigt.

Nr.	Auswahl	Umsatz	Gegenkonto	Schlüssel	Belegkreis	Beleg-Nr. 1	Beleg-
1	☑	18.954,71	8400	0		95001	
2	☑	1.664,05	8400	0		95002	
3	☑	612,97	8400	0		95003	
4	☑	34.934,57	8400	0		95004	
5	☑	11.462,34	8400	0		95005	
6	☑	2.360,44	8400	0		95006	
7	☑	26.915,21	8410	0		95007	
8	☑	7.860,87	8400	0		95008	
9	☑	13.493,90	8400	0		95009	
10	☑	2.960,71	8400	0		95010	
11	☑	15.018,85	8410	0		95011	
12	☑	14.335,85	8400	0		95012	

IMPORT-DATEN. Bitte prüfen Sie die angezeigten Buchungen.

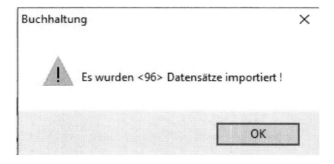

MELDUNG. Nach dem Import wird angezeigt, wie viele Buchungen eingelesen wurden.

DATEN IM DATEV-FORMAT EXPORTIEREN - LEXWARE

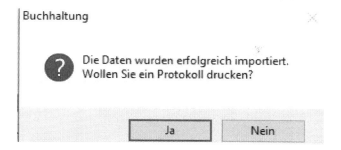

ABFRAGE. Beantworten Sie die Abfrage mit Ja, um ein Protokoll zu erhalten.

```
Überschrift: DtvImport
Name der Firma: Musikladen GmbH
15/04/2017
Name der Datei: DtvImport.log
Anzahl der importierten Buchungen gesamt: 96
```

DATEV IMPORT. Kurzübersicht des Protokolls.

Beim Import von Buchungen haben Sie die Möglichkeit, sich das vollständige Protokoll anzuschauen und zu prüfen. Diese Möglichkeit sollten Sie nutzen.

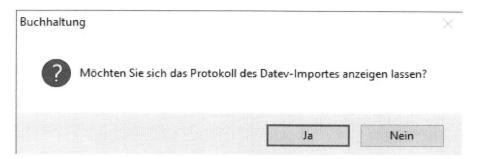

ABFRAGE. Bestätigen Sie mit Ja, um sich das vollständige Protokoll anzeigen zu lassen.

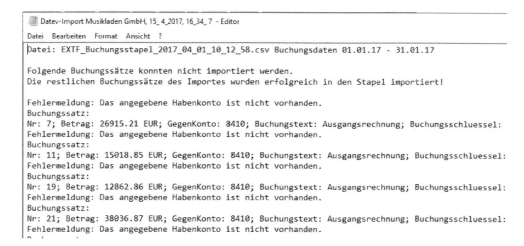

IMPORTPROTOKOLL. In unserem Beispiel werden eine Reihe von Fehlern angezeigt.

Hier gibt es einige elementare Dinge zu beachten. In unserem Beispiel sind in den importierten Buchungen einige Sachkonten angesprochen, die im Lexware Buchhalter nicht vorhanden sind.

📁 **Wichtig**

Im Gegensatz zu manch anderem Programm legt Lexware beim Import von Buchungen fehlende Konten nicht automatisch an, d.h. die betroffenen Buchungen werden einfach nicht importiert.

In so einem Fall gibt es unterschiedliche Möglichkeiten:

1) Sie importieren die Sachkonten mit einer entsprechenden Importdatei von Ihrem Steuerberater.

2) Sie erstellen an Hand des Importprotokolls eine Liste der fehlenden Konten und legen diese manuell an.

Die restlichen, importierten Buchungen finden Sie im Buchungsstapel.

BUCHEN. Wählen Sie Stapelbuchen, um den importierten Buchungsstapel zu prüfen.

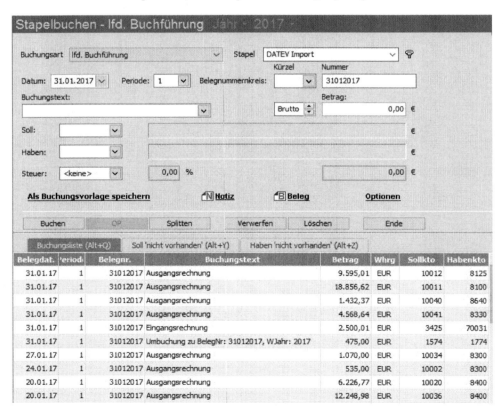

STAPELBUCHEN. Hier sehen Sie die beim Import übernommenen Buchungen.

Da es sehr mühsam wäre, die auf Grund fehlender Konten nicht übernommenen Buchungen einzeln einzulesen, empfehle ich Ihnen, den kompletten Stapel zu löschen, die fehlenden Konten im Buchhalter zu ergänzen und im Anschluss den kompletten Buchungsimport neu durchzuführen.

Ich hoffe, es ist an diesem Beispiel klar geworden, wie wichtig es ist, beim Austausch von Buchungen in elektronischer Form wirklich genau zu prüfen, ob die Daten, die exportiert wurden, auf der anderen Seite auch vollständig und inhaltlich korrekt angekommen sind.

Zusätzlich zur Kontrolle der Protokolle sollten Sie auch eine inhaltliche Prüfung vornehmen, indem Sie die Saldenlisten und OP-Listen für den Zeitraum des Buchungsimports mit Ihrem Steuerberater abstimmen.

Fragen zur Lernzielkontrolle

1) Was macht Lexware beim Import von Buchungen, wenn Konten fehlen

2) Wie können Sie einen Buchungsimport inhaltlich abstimmen?

Praktische Übungen

1) Importieren Sie einen Buchungsstapel in Lexware

2) Prüfen Sie das Protokoll

3) Sollten Konten fehlen, löschen Sie den Buchungsstapel.

4) Legen Sie die fehlenden Konten an und wiederholen Sie Ihren Buchungsimport.

Kapitel 8

HS DATEV-Export im DATEV-Format.

In diesem Kapitel lernen Sie den Export im neuen DATEV-Format kennen.

Es gibt in der Buchhaltung eine ganze Reihe von Situationen, in denen es hilfreich ist, besondere Buchungstechniken anzuwenden. Ich werde deshalb die einzelnen Buchungsvarianten im Detail mit ausgewählten Beispielen erklären.

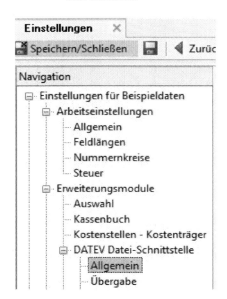

EINSTELLUNGEN. Öffnen Sie in der DATEV Datei-Schnittstelle den Reiter „Allgemein".

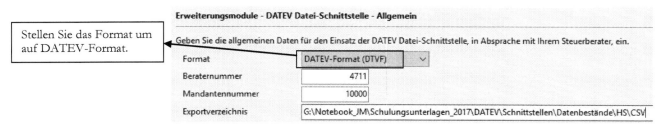

Stellen Sie das Format um auf DATEV-Format.

DATEV DATEI-SCHNITTSTELLE - ALLGEMEIN. Ändern Sie das Format auf DATEV-Format und speichern Sie Ihre Änderungen.

HS - Daten im DATEV-Format exportieren

Starten Sie das HS Finanzwesenwesen und wählen Sie **Extras → Datenschnittstelle → Datenexport → Daten an DATEV übergeben**, um Ihre Daten im DATEV-Format zu exportieren.

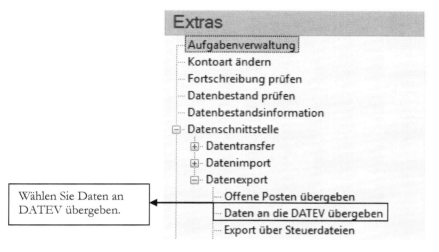

Wählen Sie Daten an DATEV übergeben.

EXTRAS. Wählen Sie Datenschnittstelle → Datenexport.

Kontrollieren Sie Beraternummer und Mandant, wählen Sie das gewünschte Exportverzeichnis und legen Sie fest, welche Daten exportiert werden sollen.

Bitte führen Sie den Export 2x durch, einmal mit dem Haken bei nur Kontenbeschriftung übergeben und 1x ohne.

DATEN AN DATEV ÜBERGEBEN. Wenn Sie alle Optionen gesetzt haben, starten Sie den Export.

In meinem Beispiel kommt ein Hinweis, dass für den gewählten Zeitraum bereits alle Daten übergeben wurden. Das liegt daran, dass ich für mein Beispiel des Datenexports im KNE-Format dieselbe Auswahl getroffen habe. Deshalb bestätige ich die Abfrage mit Ja.

📖 **Praxistipp**

Es kommt in der Praxis durchaus vor, dass ein Datenexport wiederholt wird, weil noch nicht alle relevanten Buchungen erfasst waren.

HS - DATEN IM DATEV-FORMAT EXPORTIEREN

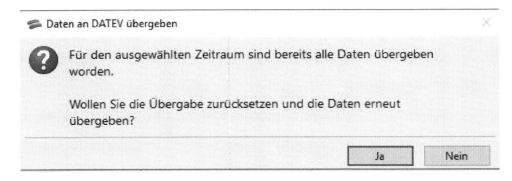

HINWEIS. Wenn dieser Hinweis kommt, prüfen Sie bitte sorgfältig, ob Ihre Auswahl korrekt ist. Ein Export ist im Grunde beliebig oft machbar.

Nach Abschluss des Datenexports mit allen Optionen haben Sie in Ihrem Exportverzeichnis 3 Datendateien und die Protokolldatei.

DATENBESTÄNDE DATEV EXPORT. Bei HS haben Sie am Ende 3 Dateien + Protokoll.

Bei der Hamburger Software werden die Daten beim Export sehr schön getrennt in:

- Buchungsstapel
- Sachkontenbeschriftungen
- Stammdaten Debitoren, Kreditoren

Das erleichtert dem Empfänger der Daten den Import und die Kontrolle der Daten. An dieser Stelle merkt man, dass die Hamburger Software AG sehr enge Kontakte pflegt und schon immer bestrebt war, beim DATEV Export möglichst viele Daten und Informationen zur Verfügung zu stellen.

HS - Daten im DATEV-Format importieren

📁 **Wichtig**

Erstellen Sie eine Datensicherung.

Starten Sie das HS Finanzwesen und wählen Sie **Extras → Datenschnittstelle → Datenimport → Import**, um Ihre Daten im DATEV-Format zu importieren.

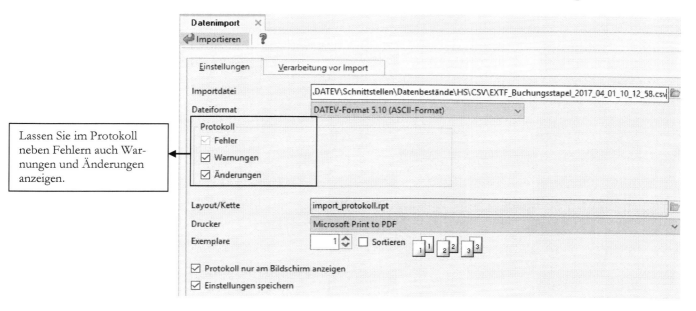

Lassen Sie im Protokoll neben Fehlern auch Warnungen und Änderungen anzeigen.

DATENIMPORT. Sobald Sie die gewünschte Datei ausgewählt haben, schlägt das Programm, sofern es das Dateiformat erkennt, automatisch das richtige Datenformat vor.

Wählen Sie den gewünschten Drucker für das Importprotokoll aus und/oder setzen Sie den Haken bei „Protokoll nur am Bildschirm anzeigen".

Im Anschluss an den Import wird angezeigt, wie viele Datensätze importiert wurden das Programm benennt die Importdatei um, indem an den Dateinamen ein aktueller Zeitstempel angehängt wird.

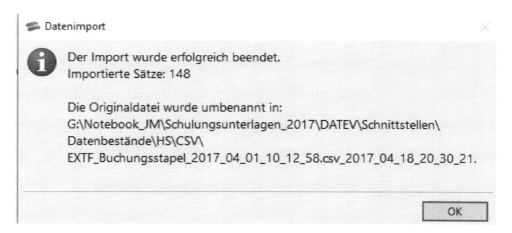

DATENIMPORT - MELDUNG. Bitte lesen Sie die Meldung, bevor Sie mit OK bestätigen.

Im Anschluss wird das Importprotokoll am Bildschirm angezeigt.

© New Earth Publishing

HS DATEN IM DATEV-FORMAT EXPORTIEREN

PROTOKOLL FÜR DATENIMPORT. Während das Protokoll erstellt wird, kann es zu Meldungen kommen.

In unserem Beispiel wurden unter anderem Abschreibungsbuchungen importiert. Anscheinend ist es hier zu Doppelbuchungen gekommen, denn wir bekommen den Hinweis, dass einzelne Anlagegüter einen negativen Buchwert haben.

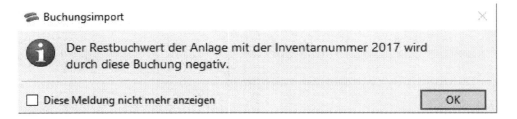

HINWEIS. Bei einem Anlagegut kommt es zu einem negativen Buchwert.

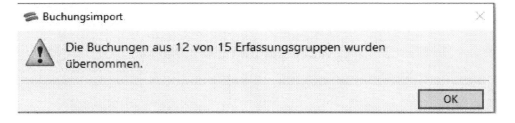

HINWEIS_2. Es wurden nur 12 von 15 Erfassungsgruppen übernommen.

Nach den Meldungen wird das Fehlerprotokoll mit allen fehlerhaften Buchungszeilen angezeigt. Bitte prüfen Sie sorgfältig, welche Fehler hier auftreten, damit Sie die Buchungsdatei entsprechend Nacharbeiten und die Fehler eliminieren können.

In unserem Beispiel sind einige Konten nicht vorhanden; importieren Sie vorab die Kontenbeschriftungen oder legen Sie fehlende Konten manuell an.

HS DATEN IM DATEV-FORMAT EXPORTIEREN

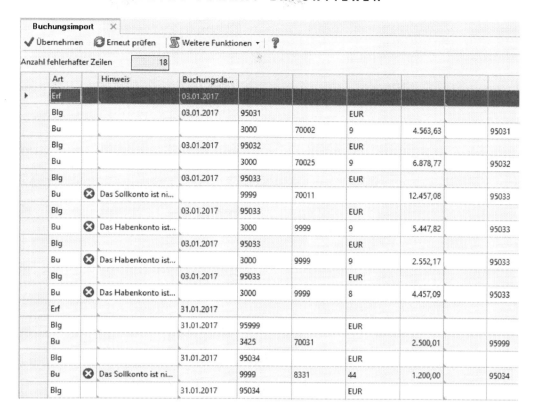

FEHLERPROTOKOLL - DATENIMPORT. Prüfen Sie vor allem die Fehlermeldungen gewissenhaft.

Da Sie die fehlerhaften Buchungen so nicht übernehmen können, haben Sie folgende Alternativen:

1) Sie importieren die Kontenbeschriftungen.

2) Sie legen die fehlenden Konten manuell an.

In beiden Fällen können Sie den Import erneut prüfen und anschließend verarbeiten.

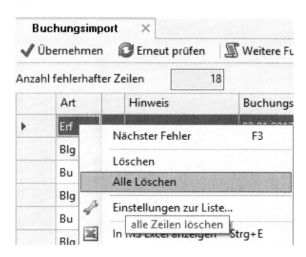

FEHLERHAFTE ZEILEN. Drücken Sie die rechte Maustaste und wählen Sie „Alle löschen", um die fehlerhaften Buchungszeilen zu löschen.

HS DATEN IM DATEV-FORMAT EXPORTIEREN

Alternative 3: löschen Sie die fehlerhaften Buchungen.

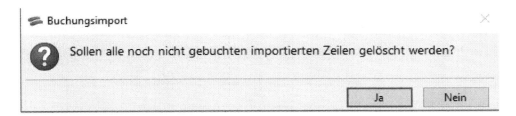

BUCHUNGSIMPORT. Bestätigen Sie die Meldung mit ja, um die Buchungszeilen zu löschen.

Ich empfehle Ihnen nach so einer fehlgeschlagenen Buchungsimportaktion auf eine aktuelle Datensicherung zurückzugehen.

Parallel zum Buchungsimport wurde die Importdatei von Programm automatisch umbenannt.

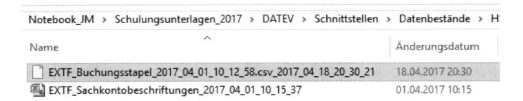

IMPORTDATEI. Die Bezeichnung der Importdatei wurde automatisch um den Zeitstempel des Buchungsimports erweitert.

Lernzielkontrolle

☺ **Testen Sie Ihr Wissen**

1) Welche Formate kann man ins HS Finanzwesen importieren?

2) Wie können Sie fehlerhafte Buchungen beim Import löschen?

Praktische Übungen

Tastaturübungen

1) Erstellen Sie eine Datensicherung.

2) Erstellen Sie in der HS einen Datenimport im DATEV-Format.

3) Prüfen Sie das Importprotokoll.

Kapitel 9

TOPIX8 DATEV-Export im DATEV-Format.

In diesem Kapitel lernen Sie den Export im neuen DATEV-Format kennen.

Der Datenexport im DATEV-Format kennt in Topix 2 verschiedene Varianten: Das DATEV-Format 300 und das DATEV-Format 510. Aktuell sollten Sie nur noch das DATEV-Format 510 mit Festschreibungskennzeichen verwenden. Die Topix Software AG hat erst verhältnismäßig spät damit angefangen, das neue DATEV-Format zu implementieren.

Dazu kommt, dass die Topix Auftragsbearbeitung und die Topix Finanzbuchhaltung ursprünglich 2 unterschiedliche Produkte[18] waren, die zusammengeführt wurden. Leider hat man sich bis heute gescheut, eine vollständige Integration umzusetzen, um Datenredundanzen und Parallelentwicklungen zu vermeiden.

Das bedeutet letzten Endes für den Anwender, dass auch der DATEV Export aus der Finanzbuchhaltung einen anderen Programmaufruf hat, als der DATEV Export aus der Auftragsabwicklung.

Praxistipp

Wenn Sie zum ersten Mal mit dem Programm arbeiten, empfehle ich Ihnen auf Grund der Komplexität, für den erstmaligen DATEV Export eine Onlineschulung zu buchen, um die Arbeitsweise vom Programm zu verstehen und die spätere Abstimmung mit dem Steuerberater auf ein Minimum zu reduzieren.

---

[18] Ursprünglich gab es die Finanzbuchhaltung Conto und die Betriebsverwaltung Facto, die später zu TOPIX zusammengeführt wurden. Allerdings sind die Berechnungsmethoden, der Zahlungsverkehr und das Mahnwesen für Finanzbuchhaltung und Auftragsabwicklung unterschiedlich. Das bedeutet, es gibt unterschiedliche Arbeitsweisen im Programm, je nachdem, in welchem Programmteil gearbeitet wird. Aktuell ist es noch nicht möglich, beim DATEV-Export die vollständigen Anschriften automatisch zu exportieren. Es ist geplant, hierfür in Kürze eine kostenpflichtige Schnittstellenerweiterung anzubieten. Fragen Sie bei Interesse direkt beim Hersteller nach unter www.topix.de .

Daten im DATEV-Format exportieren

Starten Sie TOPIX8 und wählen Sie **Datei → Datenexport → DATEV-Schnittstelle**, um Ihre Daten im DATEV-Format zu exportieren.

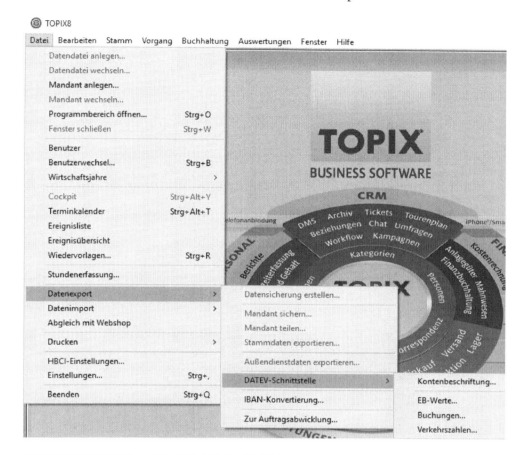

DATENEXPORT – DATEV-SCHNITTSTELLE. Beginnen Sie mit den Kontenbeschriftungen.

Aktuell haben Sie beim Export beim Dateiformat noch die Wahl zwischen DATEV-Format 300 und DATEV-Format 510. Am Besten fokussieren Sie sich von Anfang an auf die neuere Varianten DATEV-Format 510[19].

---

[19] Weitere Details zum neuen DATEV-Format finden Sie hier:
https://www.datev.de/web/de/aktuelles/datev-news/schnittstellen-entwicklungsleitfaden/

HS DATEN IM DATEV-FORMAT EXPORTIEREN

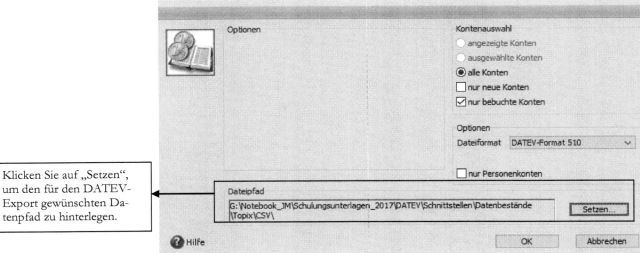

Klicken Sie auf „Setzen", um den für den DATEV-Export gewünschten Datenpfad zu hinterlegen.

KONTENBESCHRIFTUNGEN EXPORTIEREN. Wählen Sie, welche Datei Sie exportieren wollen.

Beim erstmaligen Export sollten Sie alle Konten wählen oder „nur bebuchte Konten".

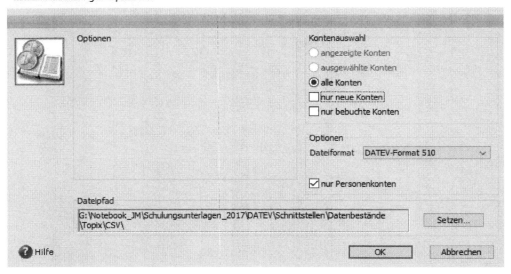

KONTENBESCHRIFTUNGEN EXPORTIEREN. Selbst, wenn Sie nur Personenkonten wählen, werden alle Kontenbeschriftungen exportiert, da Personen- und Sachkonten bei TOPIX8 in derselben Tabelle stehen und nicht automatisch in dieselben Nummernkreise aufgeteilt werden, wie bei der DATEV.

Leider wird bei TOPIX8 aktuell auch bei der Auswahl nur Personenkonten lediglich die Kontenbeschriftung mitgegeben[20]. Für den Adressexport ist eine kostenpflichtige Erweiterung der Schnittstelle geplant.

---

[20] Stand 03/2017.

HS DATEN IM DATEV-FORMAT EXPORTIEREN

Dieselben Schritte sind für den Buchungsexport durchzuführen. Dabei wird unterschieden zwischen Buchungen und EB-Werten.

EB-WERTE EXPORTIEREN. Beim erstmaligen DATEV-Export müssen Sie die EB-Werte ebenfalls exportieren.

Nach den EB-Werten[21] werden die Buchungen exportiert. Hier empfehle ich, die Buchungen je Monat zu exportieren, um die Abstimmung mit dem Steuerberater zu erleichtern. In meinem Beispiel packe ich alle 3 Datenexporte in ein- und dassselbe Verzeichnis.

Den Haken ohne Buchungsautomatik sollten Sie nur nach Rücksprache mit Ihrem Steuerberater setzen.

BUCHUNGEN EXPORTIEREN. Wählen Sie, welche Datei Sie prüfen wollen.

Nach erfolgreichem DATEV-Export stehen in Ihrem Exportverzeichnis 3 Dateien für die Weitergabe an Ihren Steuerberater zur Verfügung.

---

[21] Leider liefert TOPIX mit der Demoversion im Moment keine aktuellen Demodaten aus, so dass für dieses Beispiel nur die Daten aus 2012 zur Verfügung stehen.

HS DATEN IM DATEV-FORMAT EXPORTIEREN

EXPORTVERZEICHNIS TOPIX8. Es wurden 3 CSV-Dateien erzeugt.

TOPIX8 Besonderheiten beim DATEV-Export und -Import

Aktuell gibt es in TOPIX8 einige Besonderheiten[22] beim DATEV-Export und –Import.

📁 **Wichtig**

Allem voran gibt es Funktionen für den neuen DATEV-Export, die zunächst in den Sondereinstellungen 2 freigeschaltet werden müssen. Dieser Bereich ist durch ein eigenes Kennwort geschützt, d.h. hier sind Eingriffe/Änderungen nur durch den TOPIX Support oder einen Consultant möglich.

An Hand des folgenden Screenshots sehen Sie, welche Sonderfunktionen zum Thema DATEV aktuell separat aktiviert werden können.

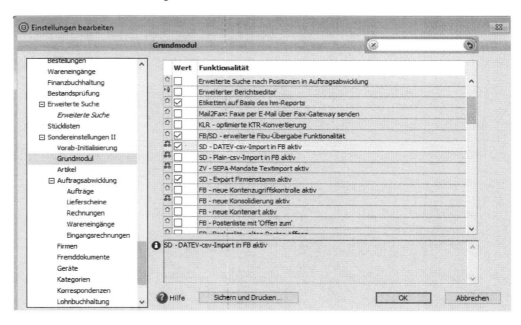

SONDEREINSTELLUNGEN II. Alle Funktionen mit der Kennzeichnung SD für Schnittstelle DATEV stehen in unmittelbarem Zusammenhang mit dem DATEV-Export und -Import.

---

[22] Wenn Sie mit TOPIX8 im Echtbetrieb arbeiten, wenden Sie sich bitte bei Fragen zum DATEV-Export an den Support Finanzbuchhaltung. Hier wird Ihnen kompetent weitergeholfen.

TOPIX8 Datenimport im DATEV-Format

Beim Datenimport werden nicht vorhandene Konten automatisch angelegt und alle Buchungen werden grundsätzlich als Stapelbelege eingelesen, so dass Sie geprüft und korrgiert oder gelöscht werden können.

Praxistipp

Unabhängig davon empfehle ich Ihnen grundsätzlich vor einem Buchungsimport eine aktuelle Datensicherung zu erstellen.

Starten Sie TOPIX8 und wählen Sie **Datei → Datenimport → DATEV-Schnittstelle**, um Ihre Daten im DATEV-Format zu importieren.

Sofern der neue DATEV-Import in den Sondereinstellungen II freigeschaltet ist, haben Sie auch hier die Möglichkeit, das DATEV-Format 510 für den Datenimport zu nutzen. Zusätzlich haben Sie die Möglichkeit einer individuellen Feldzuordnung.

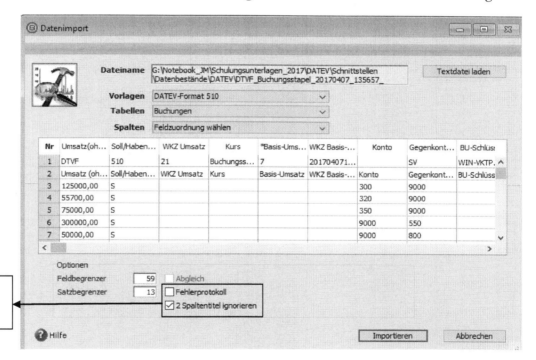

In der Praxis sollten Sie zusätzlich das Fehlerprotokoll aktivieren.

DATENIMPORT DATEV-FORMAT. Wählen Sie, welche Datei Sie importieren wollen und setzen Sie die gewünschten Optionen.

Um einige Besonderheiten beim Import zeigen zu können, habe ich einen Fremddatenbestand eingelesen.

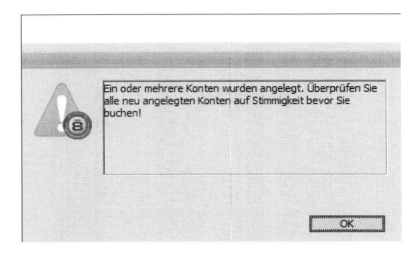

HINWEIS. Beachten Sie unbedingt den Hinweis; es wurden beim Import neue Konten angelegt.

In meinem Beispiel hat das Programm beim Import automatisch nicht vorhandene Konten angelegt. Die sollten Sie unbedingt prüfen und ergänzen, bevor Sie die importierten Stapelbuchungen verarbeiten.

Um zu prüfen, welche Konten neu angelegt wurden, öffnen Sie den Kontenstamm.

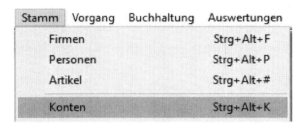

STAMM. Wählen Sie Konten, um zu prüfen, welche Konten durch den Import neu angelegt wurden.

Im Kontenstamm sind die Konten zunächst nach Kontonummer geordnet.

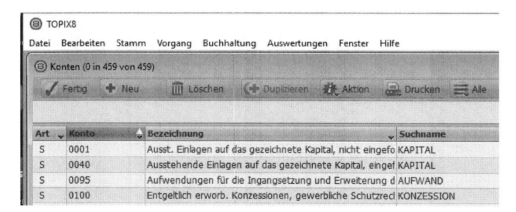

KONTENSTAMM. Klicken Sie auf Bezeichnung, um die Konten nach Bezeichnung zu sortieren.

Bei allen durch den Buchungsimport neu angelegten Konten stehen im Feld Bezeichnung 3 Fragezeichen. So sehen Sie auf einen Blick, welche Konten durch den Import angelegt wurden.

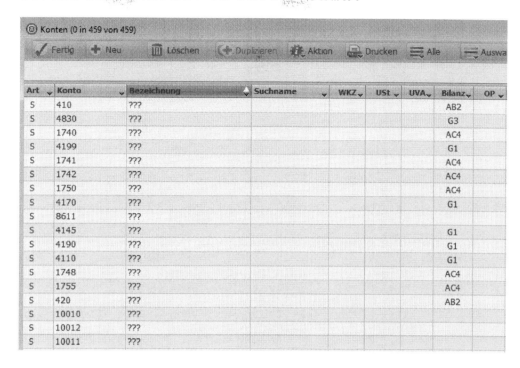

KONTEN – AUTOMATISCHE NEUANLAGE. Während bei den neu angelegten Sachkonten die Bilanzkennzeichen in der Regel auf Grund der Kontonummer vom Programm automatisch ergänzt wurden, fehlen diese bei Personenkonten.

Sie können die neu angelegten Konten jetzt wahlweise manuell ergänzen oder komplett löschen und anschließend einlesen. Allerdings ist ein Löschen der Konten nur möglich, wenn keine Buchungen existieren.

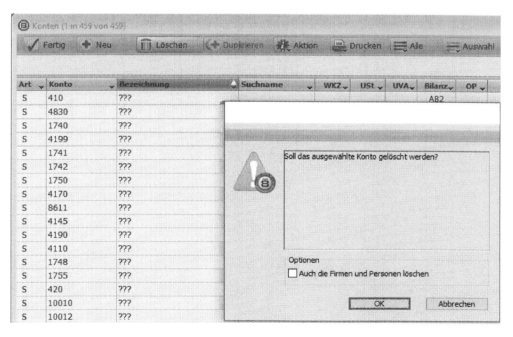

KONTEN LÖSCHEN. Zum Löschen eines Kontos markieren Sie den Datensatz und klicken Sie auf den Papierkorb. Anschließend bestätigen Sie die Abfrage mit OK.

In meinem Beispiel kommt ein Bericht zum Löschvorgang, dass zu dem gewählten Konto bereits ein Stapelbeleg existiert.

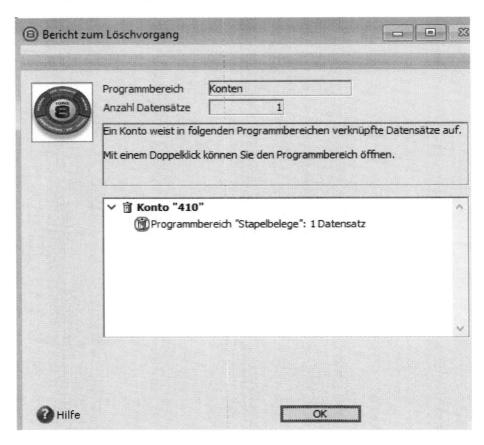

BERICHT ZUM LÖSCHVORGANG. Der Bericht zeigt an, in welchen Bereich zu dem ausgewählten Konto bereits Daten vorhanden sind.

Grundsätzlich gilt in allen Buchhaltungsprogrammen, dass bereits bebuchte Konten nicht gelöscht, sondern lediglich gesperrt werden können.

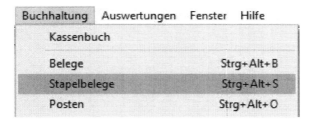

STAPELBELEGE. Öffnen Sie die Stapelbelege über das Menü Buchhaltung oder über den entsprechenden Kurzbefehl Strg+Alt#S.

Aus der einen Importdatei aus DATEV wurden in der TOPIX8 Finanzbuchhaltung eine Vielzahl von Stapelbelegen erzeugt. Das ist dem Umstand geschuldet, dass DATEV zeilenorientiert bucht und TOPIX8 Beleg orientiert.

TOPIX8 DATENIMPORT IM DATEV-FORMAT

STAPELBELEGE. Ich öffne exemplarisch den ersten Stapelbeleg.

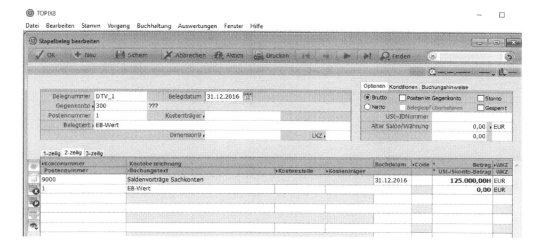

STAPELBELEG. Hier sehen Sie die Details der Buchung. Im Feld Gegenkonto stehen statt einer Bezeichnung 3 Fragezeichen.

In diesem Fall ist es sinnvoll, unabhängig davon, ob Sie die Konten manuell ergänzen oder importieren, in jedem Fall die Stapelbelege zu löschen, da hier die Bezeichnung fehlt.

In unserm Beispiel lösche ich zunächst alle Stapelbelege und anschließend im Kontenstamm alle Konten mit Fragezeichen im Feld Bezeichnung. In so einem Fall kläre ich zunächst mit meinem Steuerberater, ob er mir die zugehörigen Kontenbeschriftungen liefern kann.

In jedem Fall handelt sich insbesondere beim Datenimport in TOPIX8 um einen Lernprozess für den es sehr wichtig ist, alle Daten, auch die später importierten Buchungen gewissenhaft zu prüfen und abzustimmen. Wenn sich hier Fehler einschleichen stimmen anschließend Ihre Auswertungen nicht mehr und es ist nachträglich sehr schwierig, die Fehler zu rekonstruieren, wenn erst einmal für mehrere Monate Buchungen importiert wurden.

☺ **Testen Sie Ihr Wissen**

Lernzielkontrolle

1) Wo können Sie im TOPIX8 zusätzliche Funktionen zum DATEV Import freischalten?

2) Wer hat darauf nur Zugriff?

3) Was ist bei einem Datenimport von Buchungen alles zu beachten?

 **Tastaturübungen**

Praktische Übungen

1) Lesen Sie die Daten von Ihrem Steuerberater ein.

2) Prüfen Sie, ob es neue Konten gibt und ergänzen Sie diese entsprechend.

3) Löschen Sie anschließend die importierten Stapelbelege und lesen Sie diese neu ein.

4) Erzeugen Sie eine Saldenliste inkl. Stapelbelege und stimmen Sie diese mit der von Ihrem Steuerberater ab, bevor Sie die Stapelbelege verbuchen.

Kapitel 10

GDI Daten exportieren im DATEV-Format.

In diesem Kapitel lernen Sie den Export im neuen DATEV-Format kennen.

Die für den Datenexport im KNE- Format bereits erfassten Stammdaten, wie DATEV-Steuerschlüssel oder Kontenzuordnungen behalten auch für den Export im DATEV-Format Ihre Gültigkeit.

Im Gegensatz zu anderen Programmen werden die Buchungen in der GDI Finanzbuchhaltung durch den DATEV-Export festgeschrieben, d.h. nach dem DATEV-Export sind die Buchungen nicht mehr änderbar. Sollten Sie den DATEV-Export in einer Demoversion[23] testen, können Sie nur die Beraternummer und die Mandantennummer eingeben. Die andern Felder wie Beratername, Datenträgernummer und DFV-Kennzeichen können in der Demoversion nicht eingetragen werden.

In der GDI Finanzbuchhaltung können Sie einen DATEV Export nicht ohne weiteres wiederholen. Sie müssen zunächst die Kennzeichen für den DATEV Export zurücksetzen, bevor Sie die Daten erneut ausgeben können.

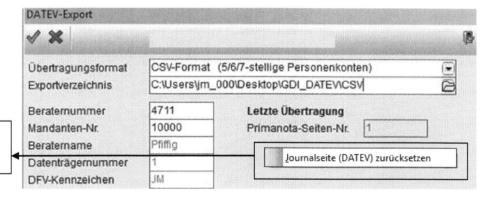

Um den DATEV-Export zu wiederholen, setzen Sie die Journalseite zurück.

DATEV-EXPORT. Drücken Sie unter der Primanota Seitennummer auf die rechte Maustaste, um die Journalseite mit dem DATEV Export zurückzusetzen.

---

[23] Wenn Sie über eine eigene Lizenz verfügen, denken Sie bitte daran, dass GDI bei der Lizensierung via Internet auch einen Hardwareschlüssel generiert und Sie das Programm nicht zusätzlich auf einem weiteren Rechner installieren können. In diesem Fall passt der Hardwarecode nicht und das Programm startet automatisch als Demoversion.

Daten im DATEV-Format exportieren

Starten Sie die GDI Finanzbuchhaltung und wählen Sie **Zusatz → DATEV-Export**, um Ihre Daten im DATEV-Format zu exportieren.

DATEV-EXPORT. Starten Sie zunächst den DATEV-Export.

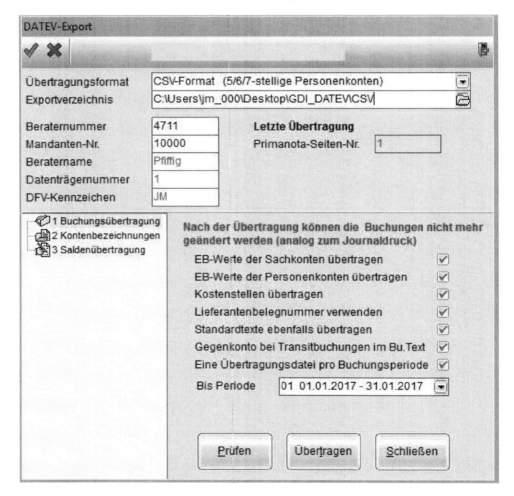

DATEV-EXPORT. Wählen Sie das gewünschte Exportformat; in unserem Beispiel das CSV-Format. Tragen Sie im Anschluss das Verzeichnis ein, in dem Sie die Exportdateien speichern wollen.

Sie können jetzt nacheinander die Buchungen, die Kontenbezeichnungen und die Salden übertragen. Zusätzlich stehen Ihnen einige Optionen zur Verfügung, wo Sie wählen können, welche Informationen bei den Buchungssätzen mit exportiert werden sollen. Bitte stimmen Sie sich hierbei eng mit Ihrem Steuerberater ab.

DATEN IM DATEV-FORMAT EXPORTIEREN

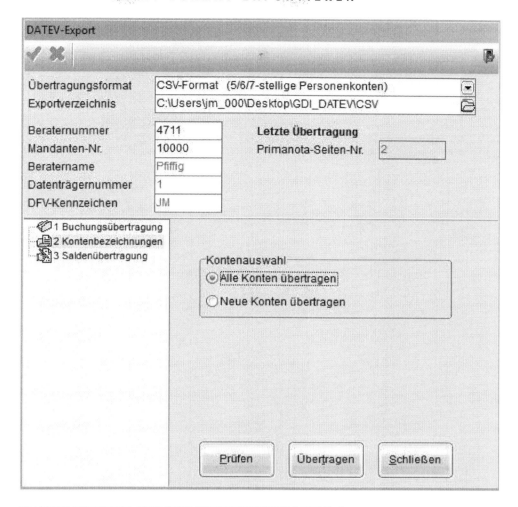

DATEV-EXPORT KONTENBEZEICHNUNGEN. Übertragen Sie beim ersten Mal alle Konten und in der Folge nur noch neue Konten.

DATEV-Kontenbezeichnungen

Mand-Nr.: 1 DFV-Kz.: csv Währung: EUR
Mandant: Demo-Daten Berater-Nr.: 4711 Abr.Nr.: -
  Mandanten-Nr.: 10000 Jahr: 2017

Kontonr.	Bezeichnung
7990	Aufw./Erträge aus Umrechnungsdifferenz
9000	Saldenvorträge Sachkonten
9008	Saldenvorträge Debitoren
9009	Saldenvorträge Kreditoren
10000	Malermeister Lehr
10001	Weiß KG
10002	Glöckner GmbH
10003	Goemaere & Co NV
10008	Kunde in Dänemark
15000	EG-Kunde Feuerle
15100	EG Kunde ohne USTIdNr.
16000	Ingenieurbüro AG Schönherr
20000	Thomas Wolnitz
70000	GDI mbh
70001	Allgemeiner Lieferer Heinze
70500	EU-Lieferant mit UST.IdNr.
71000	Josef Sting
80000	Baumeister KG
90000	Lieferant aus Drittland

DATEV KONTENBEZEICHNUNGEN. Wie Sie an der Übersicht sehen können, werden nur die Felder Kontonummer und Bezeichnung übertragen.

DATEN IM DATEV-FORMAT EXPORTIEREN

Um die vollständigen Anschriften der Personenkonten zu exportieren, ist der DATEV-Export bei GDI aktuell nicht geeignet. Beim Export der Konten werden 2 Dateien erzeugt, eine für die Sachkonten und eine für die Personenkonten. Sofern Sie Ihre Sachkonten DATEV-konform angelegt haben, reicht es auf der Seite des Steuerberaters in der Regel,.die Personenkonten einzulesen.

DATEV-EXPORT MELDUGN. Hier sehen Sie, wie viele Datensätze exportiert wurden wo die Exportdateien zu finden sind.

Im nächsten Schritt können Sie Ihre Vortragswerte exportieren.

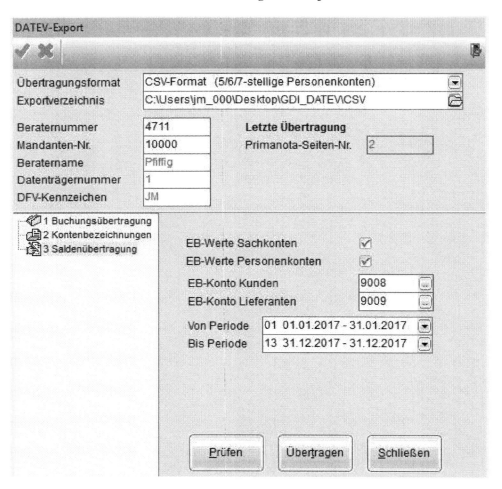

DATEV-EXPORT VORTRAGSWERTE. Wählen Sie, welche Vortragswerte Sie exportieren wollen und tragen Sie die gewünschten Konten für die Saldenvorträge ein.

DATEN IM DATEV-FORMAT EXPORTIEREN

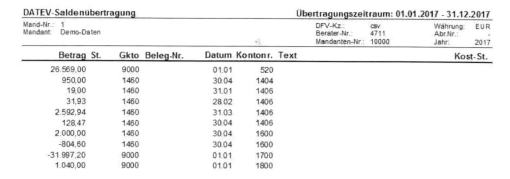

DATEV-EXPORT SALDEN. Hier sehen Sie die einzelnen Buchungen.

Zum Abschluss kommt wieder eine Meldung mit den zusammengefassten Informationen zum Export.

DATEV-EXPROT - ZUSAMMENFASSUNG. Zur Kontrolle sehen Sie, wie viele Salden exportiert wurden und wo die Datei zu finden ist.

So sieht im Anschluss das Verzeichnis mit den exportierten Daten aus.

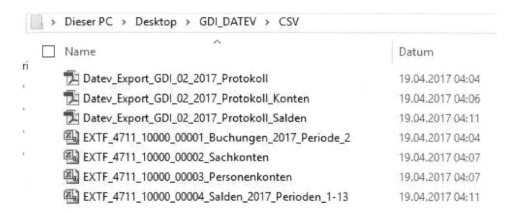

DATEV EXPORT. Neben den Exportdateien habe ich jeweils die Protokolle als PDF in dasselbe Verzeichnis gespeichert. So können Sie die exportierten Daten am schnellsten kontrollieren.

GDI Daten im DATEV-Format importieren

Empfehlenswert ist es, vor einem Datenimport eine aktuelle Datensicherung zu erstellen.

Starten Sie die GDI Finanzbuchhaltung und wählen Sie **Zusatz → Datenimport**, um Ihre Daten im im DATEV-Format zu importieren. Das Format wählen Sie erst im Datenimport selbst aus.

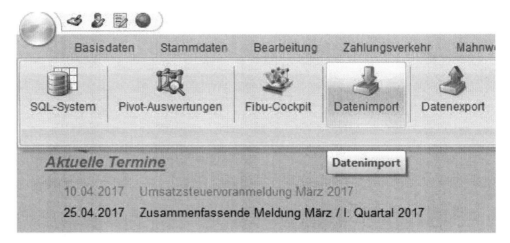

DATENIMPORT. Der DATEV-Import ist im allgemeinen Datenimport integriert.

Über das Importprofil[24] können Sie das gewünschte Format für den Datenimport auswählen. Anschließend wählen Sie die Datei, die Sie einlesen möchten.

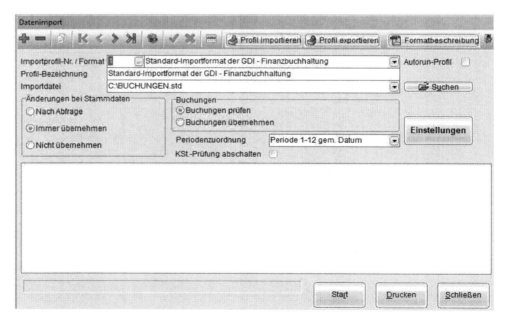

DATENIMPORT. Das wichtigste ist die Auswahl des korrekten Importprofils. Anschließend setzen Sie die gewünschten Optionen.

---

[24] Bei Bedarf können Sie sich von Ihrem Fachhandelspartner weitere, individuelle Importprofile erstellen lassen und Daten aus anderen Programmen in die GDI Finanzbuchhaltung einzulesen.

GDI DATEN IM DATEV-FORMAT IMPORTIEREN

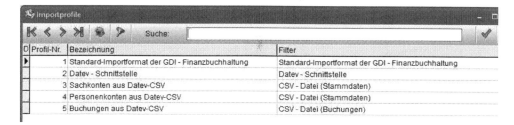

IMPORTPROFILE. Für den DATEV Import stehen verschiedene Profile zur Auswahl. Wenn Sie unsicher sind, fragen Sie bei Ihrem Fachhandelspartner nach.

Wichtig ist vor allem beim ersten Datenimport, die Datenbestände anschließend sorgfältig zu prüfen, bevor Sie mit den Daten weiterarbeiten.

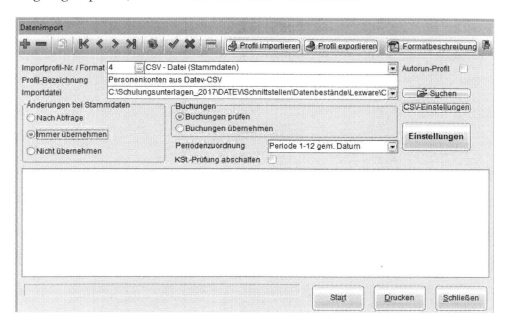

DATENIMPORT. Wenn alle Einstellungen korrekt sind, starten Sie den Import.

Beim Import der Kontenbeschriftungen, die aus Lexware im DATEV-Format exportiert wurden, scheint es ein Problem zu geben.

DATENIMPORT - HINWEIS. Beim Import der Kontenbeschriftungen scheint es ein Problem zu geben.

Im Zweifel testen Sie ein anderes Importprofil oder leiten Sie die Daten zur Prüfung an Ihren Fachhandelspartner weiter.

Ich teste in meinem Beispiel den Import der Buchungen.

GDI DATEN IM DATEV-FORMAT IMPORTIEREN

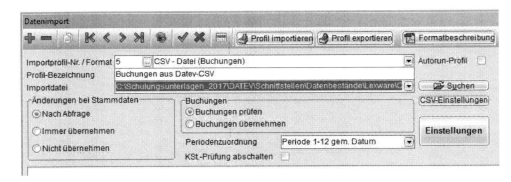

DATENIMPORT BUCHUNGEN. Der Buchungsimport ist analog aufgebaut. Profil einstellen, Importdatei auswählen und die gewünschten Optionen einstellen.

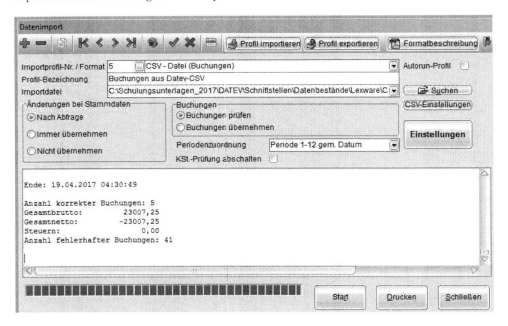

DATENIMPORT BUCHUNGEN. Beim Import der Buchungen gibt es in meinem Beispiel ebenfalls Unstimmigkeiten.

Ich habe in meinem Fall versucht, Daten zu importieren, die ich zuvor aus einem Fremdsystem ausgelesen habe. Dabei habe ich billigend in Kauf genommen, dass es zu Fehlern kommt, um Ihnen zu zeigen, was bei Import alles schief laufen kann.

Am sinnvollsten ist es, das Fehlerprotokoll anzuschauen und im Einzelfall zu prüfen, was nicht kompatibel ist.

GDI DATEN IM DATEV-FORMAT IMPORTIEREN

Standardschnittstelle

Mand-Nr: 1
Mandant: Demo-Daten

```
Datenimport-Profil: 5 - Buchungen aus Datev-CSV
Datenimport-Datei :
C:\Schulungsunterlagen_2017\DATEV\Schnittstellen\Datenbestände\Lexware\CSV\1\EXTF_Buchungsstapel_2
0170331_193050.csv
Verarbeitungsmodus:
 - geänderte Stammdaten nach Abfrage übernehmen
 - Buchungen prüfen
Start   : 19.04.2017 04:30:49
Version : 6.14.1.43 vom 07.03.2017 10:47:10
Mandant : Demo-Daten - C:\GDI\GDIFibu\Mandanten\DemoFibu\


    300 E 1            01.01.2017 EB-Wert         S      125000,00       9000          0,00
   9000 E 1            01.01.2017 EB-Wert         H      125000,00        300  0       0,00
Konto 300 nicht angelegt

    320 E 2            01.01.2017 EB-Wert         S       55700,00       9000          0,00
   9000 E 2            01.01.2017 EB-Wert         H       55700,00        320  0       0,00
Konto 320 nicht angelegt

    350 E 3            01.01.2017 EB-Wert         S       75000,00       9000          0,00
   9000 E 3            01.01.2017 EB-Wert         H       75000,00        350  0       0,00
Konto 350 nicht angelegt

   9000 E 4            01.01.2017 EB-Wert         S      300000,00        550  0       0,00
    550 E 4            01.01.2017 EB-Wert         H      300000,00       9000          0,00
Konto 550 nicht angelegt

   9000 E 5            01.01.2017 EB-Wert         S       50000,00        800  0       0,00
    800 E 5            01.01.2017 EB-Wert         H       50000,00       9000          0,00

   1000 E 6            01.01.2017 EB-Wert         S        2250,00       9000          0,00
   9000 E 6            01.01.2017 EB-Wert         H        2250,00       1000  0       0,00

   1200 E 7            01.01.2017 EB-Wert         S      126292,75       9000  0       0,00
   9000 E 7            01.01.2017 EB-Wert         H      126292,75       1200  0       0,00
Sammelkonten Forderungen/Verbindlichkeiten dürfen nicht direkt bebucht werden

  10001 E 8            01.01.2017 EB-Wert         S        2261,00       9008  0       0,00
   9008 E 8            01.01.2017 EB-Wert         H        2261,00      10001  0       0,00
```

DATENIMPORT - FEHLERPROTOKOLL. Prüfen Sie die einzelnen Einträge.

Häufig auftretende Probleme sind:

- Es werden Konten angesprochen, die im Zielsystem nicht vorhanden sind.

- Es werden Sammelkonten gebucht, die im Zielsystem für Buchungen gesperrt sind, weil Sie im Hintergrund automatisch angesprochen werden.

Weitere Fehler können auftreten, wenn die Einträge für die DATEV Steuerautomatik nicht korrekt gemacht sind oder die Zuordnung der Umsatzsteuerschlüssel nicht korrekt oder unvollständig ist.

Bitte prüfen/ergänzen Sie an Hand des Fehlerprotokolls ihre Daten und wiederholen Sie den Import anschließend.

Lernzielkontrolle

Testen Sie Ihr Wissen

1) Welche möglichen Fehler beim Datenimport kennen Sie?

2) Was sollten Sie in jedem Fall vor dem Datenimport machen?

Praktische Übungen

Tastaturübungen

1) Erstellen Sie in GDI eine Datensicherung.

2) Importieren Sie einen Buchungsstapel.

3) Kontrollieren Sie die importierten Buchungen.

Kapitel 11

DATEV – Datenimport im DATEV pro Format

Hier lernen Sie den Unterschied vom Datenimport im DATEV pro Format kennen.

DasDATEV pro Format eröffnet für den Steuerberater neue, zusätzliche Möglichkeiten. Durch die Vielzahl neuer Felder in der Import Datei ist es jetzt möglich, neben der vollständigen Anschrift zu den Personenkonten auch Zahlungskonditionen und Bankverbindungen zu importieren.

Dadurch wird es für den Steuerberater einfacher, zusätzliche Dienstleistungen, wie z.B. den Zahlungsverkehr und/oder das Mahnwesen für seine Mandanten zu übernehmen.

Der Import funktioniert von den einzelnen Schritten her genauso, wie der Import von Postversanddaten.

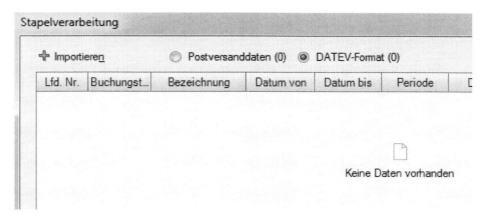

STAPELVERARBEITUNG. Wählen Sie das DATEV-Format und klicken Sie auf Importieren, um den gewünschte Datei auszuwählen.

DATEV – DATENIMPORT IM DATEV PRO FORMAT

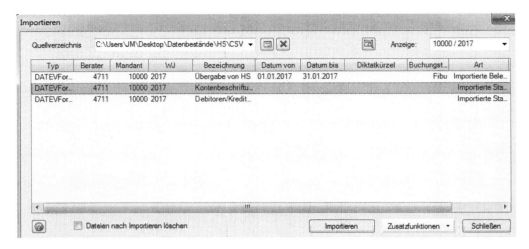

IMPORTIEREN. Markieren Sie im Zielverzeichnis die Datei, die Sie importieren wollen.

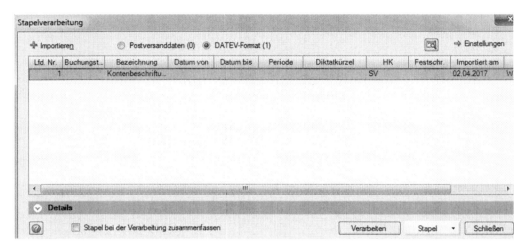

STAPELVERARBEITUNG. Unmittelbar nach dem Import steht die Datei mit den Kontenbeschriftungen zur Verarbeitung zur Verfügung.

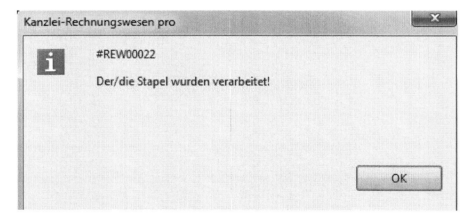

HINWEIS. Nach der Verarbeitung kommt ein kurzer Hinweis, dass der oder die Stapel verarbeitet wurden.

Beantworten Sie den Hinweis mit ja und prüfen Sie das Importprotokoll, das im Anschluss automatisch angezeigt wird.

DATEV - DATENIMPORT IM DATEV PRO FORMAT

IMPORTPROTOKOLL. Prüfen Sie die als fehlerhaft gezeigten Datensätze.

Probleme beim Import gibt es vor allem bei Auslandsadressen, weil hier bisweilen die einzelnen Adressfelder, wie z.B. das Feld Postleitzahl unterschiedliche Formate haben.

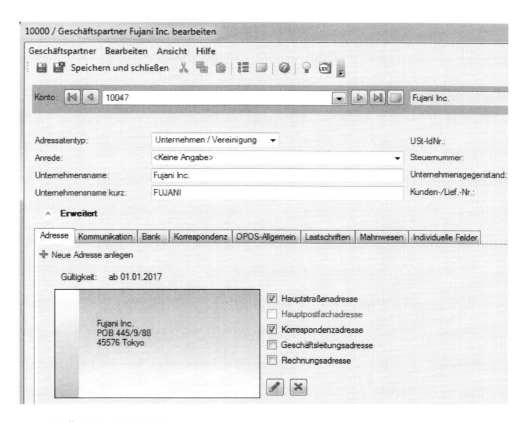

GESCHÄFTSPARTNER. Prüfen Sie insbesondere bei ausländischen Firmen, ob die Daten korrekt übernommen wurden.

Praxistipp

Aktuell zeigt sich bei verschiedenen Datenimporten, dass die einzelnen Softwarehersteller aktuell im Standard bei Ihrem DATEV Export im DATEV pro Format die von DATEV angebotenen Möglichkeiten der Informationsübermittlung nur teilweise nutzen. Viele Felder werden einfach nur leer durchgeschleift.

📁 **Wichtig**

Aus diesem Grund ist es wichtig, den Datenaustausch mit dem Steuerberater im Detail zu prüfen, insbesondere, wenn Ihr Steuerberater zusätzliche Aufgaben, wie Mahnwesen und/oder Zahlungsverkehr für Sie übernehmen soll.

Lernzielkontrolle

☺ **Testen Sie Ihr Wissen**

1) Können Importdateien trotz Fehlerhinweisen verarbeitet werden?

2) Was sind in Ihren Augen typische Fehlerquellen beim Import von Stammdaten?

Praktische Übungen

💻 **Tastaturübungen**

1) Importieren Sie eine Datei mit Kontenbeschriftungen.

2) Prüfen Sie das Importprotokoll.

3) Prüfen Sie anschließend wenigstens einen der importieren Datensätze inhaltlich.

Tipps und Tricks

In diesem Kapitel finden Sie einige hilfreiche Links und Tipps rund um das Thema DATEV-Export.

Eine sehr umfangreiche Übersicht über Programme mit einer DATEV-Schnittstelle finden Sie unter: www.heerosoft.de .

HEEROSOFT - HOME. Hier finden Sie hilfreiche Informationen zum DATEV-Export für sehr viele kaufmännische Programme.

© New Earth Publishing

HEEROSOFT - FIBU. Übersicht über möglichen Ausgabeformate, die Heerosoft neben DATEV unterstützt.

Unter dem Reiter DATEV finden Sie diverse Kurzanleitungen zum DATEV-Export und Import in den unterschiedlichsten Programmen.

Mehrfachübernahme von Daten

Wenn Sie denselben Import versehentlich mehrfach ausführen, erhalten Sie vom Programm einen entsprechenden Hinweis.

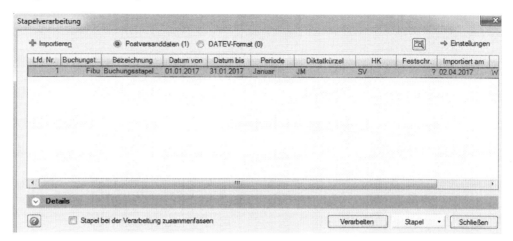

STAPELVERARBEITUNG. Wählen Sie verarbeiten.

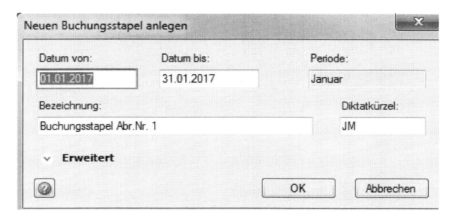

STAPELVERARBEITUNG. Sinnvollerweise legen Sie für jeden Import einen neuen Stapel an.

Wenn Sie für jeden Buchungsimport einen neuen Stapel anlegen, tun Sie sich mit der Abstimmung leichter. Ausnahme: wenn es sich um Nachbuchungen zu einem bestehenden Stapel handelt.

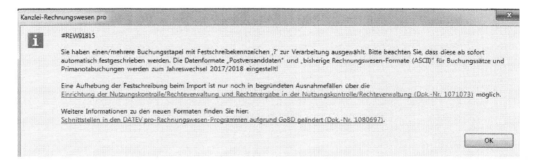

HINWEIS. Dieser Hinweis zum neuen Festschreibungskennzeichen wird immer angezeigt und muss mit OK bestätigt werden.

MEHRFACHÜBERNAHME VON DATEN

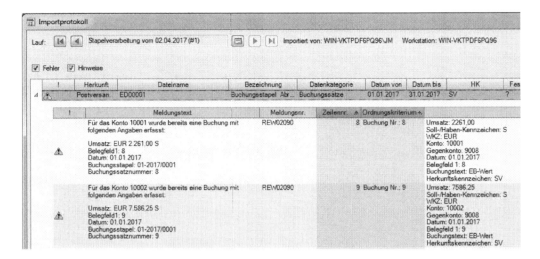

IMPORTPROTOKOLL. Prüfen Sie die Hinweise und Fehlermeldungen sorgfältig.

Optional können Sie einen Buchungsstapel trotz Hinweisen oder Fehlermeldungen übernehmen.

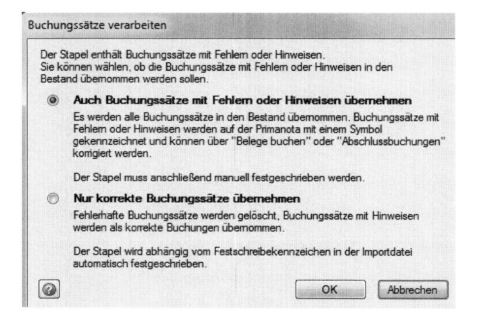

BUCHUNGSSÄTZE VERARBEITEN. Wählen Sie abbrechen, wenn Sie den Buchungsstapel nicht verarbeiten wollen.

In diesem Fall löschen Sie bitte den Stapel.

Schnittstellenentwicklungsleitfaden für das DATEV-Format

Für Entwickler stellt die DATEV einen Schnittstellenentwicklungsleitfaden[25] zur Verfügung. Neben einer kompletten Dateibeschreibung finden Sie hier entsprechende Musterdateien und ein Prüfprogramm, mit dem Sie Ihre eigenen Dateien auf einen korrekten Aufbau hin testen können.

Art.-Nr. 60652 | Software

Schnittstellen-Entwicklungsleitfaden für das DATEV-Format

Art.-Nr. 60652

Schnittstellen-Entwicklungsleitfaden für das DATEV-Format

280,- € Einmalig

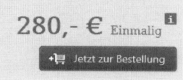

Jetzt zur Bestellung

∨ Beschreibung

Der Schnittstellenentwicklungsleitfaden für das DATEV-Format wurde aktualisiert und überarbeitet. Die Änderungen an den Formaten unter Berücksichtigung der GoBD sind darin enthalten. Der Header und der Buchungsstapel wurden um ein Festschreibungskennzeichen ergänzt.

Mit dem Schnittstellen-Entwicklungsleitfaden für das DATEV-Format haben Sie die Möglichkeit, eine Schnittstellenlösung in ihre Software zu integrieren. Damit übergeben Sie Buchungen, wiederkehrende Buchungen, Buchungstextkonstanten, Kontennotizen, Kontobeschriftungen, Textschlüssel, Zahlungsbedingungen, diverse Adressen, Debitoren-/ Kreditorenstammdaten und Buchungssätze bzw. Filialen für die Anlagenbuchführung.

Gerade für Hersteller von Branchensoftware bietet der Leitfaden strukturierte Beschreibungen und Anleitungen für die Programmierung einer Schnittstelle im DATEV-Format.

SCHNITTSTELLEN-ENTWICKLUNGSLEITFADEN. Für Softwareentwickler mit Sicherheit die erste Wahl.

---

[25] https://www.datev.de/web/de/datev-shop/betriebliches-rechnungswesen/schnittstellen-entwicklungsleitfaden-fuer-das-datev-format/

SCHNITTSTELLEN-ENTWICKLUNGSLEITFADEN

∨ Leistungen

- Ausführliche Datei- und Satzbeschreibung (ASCII-Formataufbau incl. Header) für das DATEV-Format in Deutsch und Englisch
- Wesentliche Anwendungsregeln für die DATEV-Finanzbuchführungsprogramme in Deutsch und Englisch
- Musterdaten im DATEV-Format
- Prüfprogramm für das DATEV-Format
- Kontenrahmen in Deutsch und Englisch

SCHNITTSTELLEN-ENTWICKLUNGSLEITFADEN. Übersicht der im Kaufpreis enthaltenen Leistungen.

Für Softwareentwickler gibt es in diesem Zusammenhang bei der DATEV auch eine eigene Hotline mit speziell auf Entwickler abgestimmten Supportmitarbeitern.

SCHNITTSTELLEN-ENTWICKLUNGSLEITFADEN

Lexware Blog zum DATEV-Export und Import

Steve Rückwardt hat einen informativen Blog zum Thema DATEV-Export und – Import erstellt, an dessen Ende ein sehr schönes Video das ganze praktisch zeigt. Darüber hinaus hat er hier bereits eine ganze Reihe von Fragen zum Thema beantwortet.

http://lex-blog.de/2010/04/30/thema-datev-export-aus-lexware-buchhalter/

Den Anfang des Blogs habe ich als Zitat eingefügt:

„Mit den Programmen buchhalter, buchhalter plus, buchhalter pro und buchhalter premium sowie den jeweiligen office Versionen in denen der buchhalter enthalten ist lässt sich die Buchhaltung recht einfach und unkompliziert im eigenen Unternehmen durchführen. Auf Buchhaltung "inhouse" setzen immer mehr Unternehmen. Dies hat u.a. den Vorteil, dass man die Daten im Haus hat und so direkt sieht, wie es um das eigene Unternehmen steht und ob man evtl. in dem ein oder anderen Geschäftsfeld o.ä. eingreifen muss, weil die Werte aus dem "Ruder" laufen.

Viele arbeiten auch mit Buchführungsbüros oder dem Steuerberater zusammen. Daher ist eine der häufigsten Fragen in meinem Support-Alltag die, wie man denn die gebuchten Werte nun zum Buchführungsbüro oder Steuerberater transferieren kann. Einige versuchen dies über eine Datensicherung. Dieser Weg ist zwar denkbar, funktioniert jedoch nur, wenn die Gegenseite ebenfalls ein Lexware-Programm in der gleichen Version und der gleichen Reihe einsetzt. Eine weitere Alternative ist der ASCII-Export, welcher in jedem der Buchhaltungsversionen integriert ist. Der aus meiner Sicht einfachste und praktikabelste Weg ist jedoch der über den DATEV-Export.

Am Ende des Artikels finden Sie eine Anleitung zum DATEV-Export aus Lexware buchhalter auch in Form eines Video-Tutorials."

DATEV Community

Hier finden Sie Fragen und Antworten rund um DATEV-Themen. Informieren Sie sich, lassen Sie sich helfen, teilen Sie Ihr Wissen und tauschen Sie sich aus - die DATEV-Community lebt von Ihren Beiträgen!

https://www.datev-community.de/welcome

Hier handelt es sich um ein von der DATEV moderiertes Forum für Fragen und Support zu allen Bereichen rund um die DATEV. Das Forum wird regelmässig von Supportmitarbeitern der DATEV gelesen, die auch Ihre Fragen beantworten.

Zusätzlich haben Sie hier die Möglichkeit, sich mit anderen DATEV-Nutzern auszutauschen.

LEXINFORM

LEXinform/Info-Datenbank online

Hier finden Sie unter Start ➔ Schnittstellen in den DATEV-Programmen Informationen zu allen Import und Exportschnittstellen, die es in den einzelnen DATEV-Programmen gibt.

https://www.datev.de/dnlexom/client/app/index.html#/document/1080789

Hierbei handelt es sich wohl um die ausführlichste, online frei zugängliche Übersicht über die verfügbaren DATEV-Programme und die darin verfügbaren Schnittstellen.

DATEV-Formatbeschreibung

In diesem Dokument erfahren Sie, wie Sie Buchungsstapel, Debitoren-/Kreditoren-Stammdaten, Kontenbeschriftungen oder Textschlüssel als ASCII-Datei (Dateinamen-Erweiterung *.txt /*.csv) in ein DATEV pro-Rechnungswesen-Programm importieren bzw. daraus exportieren:

mithilfe von Standardformaten, die in den DATEV pro-Rechnungswesen-Programmen hinterlegt sind bzw.

mithilfe von Feldbeschreibungen für individuelle ASCII-Import- bzw. Export-Formate.

https://www.datev.de/dnlexom/client/app/index.html#/document/1036228

Für Interessierte und zum Nachschlagen einzelner Felder habe ich den Inhalt des o.g. Dokuments im Folgenden leicht verkürzt und ohne Formatierung dargestellt:

DATEV-Serviceinformation Hintergrund Letzte Aktualisierung: 17.12.2016

Relevant für: DATEV Mittelstand Faktura und Rechnungswesen compact pro DATEV Mittelstand Faktura und Rechnungswesen Einzelplatz pro DATEV Mittelstand Faktura und Rechnungswesen pro Kanzlei-Rechnungswesen compact pro Kanzlei-Rechnungswesen pro Rechnungswesen compact pro Rechnungswesen Einzelplatz pro Rechnungswesen kommunal pro Rechnungswesen pro

ASCII-Import/-Export: Standardformate und individuelle Formate

1 Über dieses Dokument

2 Hintergrund

3 ASCII-Standardformate verwenden

4 Individuelles ASCII-Format für den Import / Export erstellen
4.1 Allgemeine Einstellungen des ASCII-Datenformats
4.2 Feldbeschreibung für Buchungsstapel
4.3 Feldbeschreibung für wiederkehrende Buchungen
4.4 Feldbeschreibung für Kontenbeschriftungen
4.5 Feldbeschreibung für Debitoren-/Kreditoren-Stammdaten
4.6 Feldbeschreibung für Textschlüssel (relevant für Sachverhalte Land- und Forstwirtschaft SKR14)
4.7 Feldbeschreibung für Zahlungsbedingungen
4.8 Feldbeschreibung für Diverse Adressen

1 Über dieses Dokument Aktuelle Änderungen

17.12.2016 Feldbeschreibungen aktualisiert

In diesem Dokument erfahren Sie, wie Sie Buchungsstapel, Debitoren-/Kreditoren-Stammdaten, Kontenbeschriftungen oder Textschlüssel als ASCII-Datei (Dateinamen-Erweiterung *.txt /*.csv) in ein DATEV pro-Rechnungswesen-Programm importieren bzw. daraus exportieren:

DATEV FORMATBESCHREIBUNG

Mit Hilfe von Standardformaten, die in den DATEV pro-Rechnungswesen-Programmen hinterlegt sind bzw.

Mit Hilfe von Feldbeschreibungen für individuelle ASCII-Import- bzw. Export-Formate.

Anforderungen der GoBD

Um die Anforderungen der GoBD hinsichtlich der Festschreibung und Unveränderbarkeit zu erfüllen, werden die Export- und Importformate für Buchungsstapel um ein Festschreibekennzeichen erweitert. Diese neuen Formate stehen ab der Programmversion zum Jahreswechsel 2015/16 zur Verfügung.

Beachten Sie, dass alle Stapelimporte für Buchungssätze und Primanota-Buchungen, die nicht auf die neuen Formate umgestellt werden, ab dem Jahreswechsel 2016/2017 festzuschreiben sind, um die Anforderungen der GoBD zu erfüllen. Wenn keine Festschreibung erfolgt, wird das von den Rechnungswesen-Programmen im Aktivitätenprotokoll dokumentiert und kann so jederzeit nachvollzogen werden.

Das Datenformat „bisherige Rechnungswesen-Formate (ASCII win)" für Buchungssätze und Primanota-Buchungen wird nicht mehr angepasst und wird von DATEV nur noch bis 31.12.2017 unterstützt.

2 Hintergrund

In den DATEV pro-Rechnungswesen-Programmen können Sie diese Datenkategorien importieren und exportieren:

Datenkategorie Hinweise
Buchungsstapel Erstellen Sie pro Buchungsperiode eine eigene Text-Datei, damit sie einzeln für die entsprechende Buchungsperiode verarbeitet werden können.

Kontenbeschriftungen
Die Datei sollte nur individuell beschriftete Konten enthalten; Standard-Kontenbeschriftungen werden durch den DATEV-Kontenrahmen verwaltet und sollten nicht überschrieben werden.

Debitoren-/Kreditoren-Stammdaten Im Datenmodell der Rechnungswesen-Programme können Sie
- mehrere Adressen,
- mehrere Kommunikationsdaten und
- mehrere Bankverbindungen
verwenden.

Sie können gleichzeitig die Korrespondenzadresse und die Rechnungsadresse ex-/importieren. Je Adresse wird nur eine Kommunikationsnummer je Kommunikationsmedium ex-/importiert. (Ausnahme: Medium Telefon; hier kann zusätzlich eine Geschäftsleitungs-Nummer ex-/importiert werden).

Wird eine Korrespondenz- oder Rechnungsadresse im ASCII-Format übergeben, werden diese angelegt bzw. aktualisiert.

Wenn Daten zu Kommunikationsmedien im ASCII-Format übergeben werden, wird entweder ein Kommunikationsmedium angelegt und als Standard gekennzeichnet oder es wird die Kommunikationsnummer aktualisiert, die als Standard gekennzeichnet ist (Ausnahme: Medium Telefon; hier kann zusätzlich eine Geschäftsleitungs-Nummer angelegt/aktualisiert werden).

Es können bis zu 10 Bankverbindungen übergeben werden. Diese werden neu angelegt oder aktualisiert entsprechend ihrer Bank-Nummer.

Textschlüssel (Sachverhalt Land- und Forstwirtschaft SKR14)

Verwenden Sie diese Datenkategorie, wenn Sie im Sachkontenbereich SKR14 Sachverhalte zur Land- und Forstwirtschaft buchen.

Diverse Adressen Es gelten die gleichen Hinweise wie für die Datenkategorie Debitoren-/Kreditoren-Stammdaten.

3 ASCII-Standardformate verwenden

Sie können für den Import oder Export die Standardformate verwenden, die in den Rechnungswesen-Programmen hinterlegt sind (ASCII Standardformat).

Eine Beschreibung der ASCII Standardformate erhalten Sie in den DATEV pro-Rechnungswesen-Programmen, z. B. für den Import:

3.1. Öffnen Sie die Buchführung des Mandanten / Ihres Unternehmen.

3.2. Wählen Sie im Menü Bestand | Importieren | ASCII-Daten. Das Fenster ASCII-Import öffnet sich.

3.3. Markieren Sie unter Format und Importquelle in der Gruppe Formatauswahl die Daten, die Sie importieren möchten, z. B. Buchungsstapel.

3.4. Klicken Sie auf die Schaltfläche Formatverwaltung und wählen Sie Seitenansicht.

4 Individuelles ASCII-Format für den Import / Export erstellen

Wenn Sie für den Import oder Export individuelle Datenformate verwenden wollen, müssen Sie diese Einstellungen und Feldbeschreibungen beachten:
- Allgemeine Einstellungen des ASCII-Datenformats
- Feldbeschreibungen für Buchungsstapel
- Wiederkehrende Buchungen
- Sachkontenbeschriftungen
- Debitoren-/Kreditoren-Stammdaten
- Textschlüssel
- Zahlungsbedingungen
- Diverse Adressen

4.1 Allgemeine Einstellungen des ASCII-Datenformats Einstellungen Datenkategorie

Buchungsstapel Wiederkehrende Buchungen

DATEV FORMATBESCHREIBUNG

Debitoren / Kreditoren

Sachkontenbeschriftungen Textschlüssel Zahlungsbedingungen Diverse Adressen

Zeichensatz ANSI ANSI ANSI ANSI ANSI ANSI

Satzaufbau Variabel Variabel Variabel Variabel Variabel Variabel Variabel

Trennzeichen Felder

Semikolon Semikolon Semikolon Semikolon Semikolon Semikolon Semikolon

Trennzeichen Tausenderstellen

Kein Zeichen Kein Zeichen Punkt (Nicht relevant) (Nicht relevant) (Nicht relevant) Punkt

Trennzeichen Nachkommastellen

Komma Komma Komma (Nicht relevant) (Nicht relevant) Kein Zeichen Komma

Datumsformat TTMM TTMM TTMMJJJJ (Nicht relevant) (Nicht relevant) (Nicht relevant) TTMMJJJJ

Überschriftzeile Ja Ja Ja Ja Ja Ja Ja

Zeichen um Textfelder

Anführungszeichen Anführungszeichen Anführungszeichen Anführungszeichen Anführungszeichen Anführungszeichen Anführungszeichen

Zeichen um Textfelder verdoppeln

Ja Ja Ja Ja Ja Ja Ja

Trennzeichen am Datensatzende

Nein Nein Nein Nein Nein Nein Nein

4.2 Feldbeschreibung für Buchungsstapel Nr. Feldname Typ Länge NKS Max. Länge Muss-Feld Beschreibung

1 Umsatz (ohne Soll/Haben-Kz)

Betrag 10 2 13 Ja Beispiel: 1234567890,12

Muss immer ein positiver Wert sein

2 Soll/HabenKennzeichen

Text 1 0 1 Ja Standardwert =S

Die Soll-/Haben-Kennzeichnung des Umsatzes bezieht sich auf das Konto, das im Feld Konto angegeben wird:

DATEV FORMATBESCHREIBUNG

S = Soll

H = Haben

3 WKZ Umsatz Text 3 0 3 Dreistelliger ISO-Code der Währung (Dok.-Nr. 1080170); gibt an, welche Währung dem Betrag zugrunde liegt.

Wenn kein Wert angegeben ist, wird das WKZ aus dem Header übernommen.

4 Kurs Zahl 4 6 11 Der Fremdwährungskurs bestimmt, wie der angegebene Umsatz, der in Fremdwährung übergeben wird, in die Basiswährung umzurechnen ist, wenn es sich um ein Nicht-EWULand handelt.

Nr. Feldname Typ Länge NKS Max. Länge Muss-Feld Beschreibung

Beispiel: 1123,123456

Achtung: Der Wert 0 ist unzulässig.

5 Basisumsatz Betrag 10 2 13 Wenn das Feld Basisumsatz verwendet wird, muss auch das Feld WKZ Basisumsatz gefüllt werden.

Beispiel: 1123123123,12

6 WKZ Basisumsatz Text 3 0 3 Währungskennzeichen der hinterlegten Basiswährung. Wenn das Feld WKZ Basisumsatz verwendet wird, muss auch das Feld Basisumsatz verwendet werden.

ISO-Code beachten (siehe Dok.-Nr. 1080170)

7 Konto Konto 9 0 9 Ja Sach- oder Personen-Kontonummer

Darf max. 8- bzw. max. 9-stellig sein (abhängig von der Information im Header)

Die Personenkontenlänge darf nur 1 Stelle länger sein als die definierte Sachkontennummernlänge.

8 Gegenkonto (ohne BUSchlüssel)

Konto 9 0 9 Ja Sach- oder Personen-Kontonummer

Darf max. 8- bzw. max. 9-stellig sein (abhängig von der Information im Header)

Die Personenkontenlänge darf nur 1 Stelle länger sein als die definierte Sachkontennummernlänge.

9 BU-Schlüssel Text 2 0 2 Steuerschlüssel und/oder Berichtigungsschlüssel

10 Belegdatum Datum 4 0 4 Ja Belegdatum (Format: TTMM)

Achtung: Auch bei individueller Feldformatierung mit vierstelliger Jahreszahl wird immer in das aktuelle Wirtschaftsjahr importiert, wenn Tag und Monat des Datums im bebuchbaren Zeitraum liegen, da die Jahreszahl nicht berücksichtigt wird.

DATEV FORMATBESCHREIBUNG

11 Belegfeld 1 Text 12 0 12 Rechnungs-/Belegnummer

Das Belegfeld 1 ist der "Schlüssel" für die Verwaltung von Offenen Posten.

Bei einer Zahlung oder Gutschrift erfolgt nur dann ein OP-Ausgleich, wenn die Belegnummer mit dem Belegfeld 1 identisch ist.

12 Belegfeld 2 Text 12 0 12 Belegnummer oder OPOSVerarbeitungsinformationen

(siehe Dok.-Nr. 9211385)

13 Skonto Betrag 8 2 11 Skonto-Betrag/-Abzug

Nur bei Zahlungen zulässig.

Beispiel 12123123,12

Achtung: Der Wert 0 ist unzulässig.

14 Buchungstext Text 60 0 60

15 Postensperre Zahl 1 0 1 Mahn-/Zahl-Sperre

Die Rechnung kann aus dem Mahnwesen / Zahlungsvorschlag ausgeschlossen werden.

1 = Postensperre

0/keine Angabe = keine Sperre

Nur in Verbindung mit einer Rechnungsbuchung und Personenkonto (OPOS) relevant.

16 Diverse Adressnummer Text 9 0 9 Adressnummer einer diversen Adresse

Nur in Verbindung mit OPOS relevant.

17 Geschäftspartnerbank Zahl 3 0 3 Wenn für eine Lastschrift oder Überweisung eine bestimmte Bank des Geschäftspartners genutzt werden soll.

Nr. Feldname Typ Länge NKS Max. Länge Muss-Feld Beschreibung

Nur in Verbindung mit OPOS relevant.

Beim Import der Geschäftspartnerbank muss immer auch das Feld SEPA-Mandatsreferenz (FeldNr. 105) gefüllt sein

18 Sachverhalt Zahl 2 0 2 Der Sachverhalt wird in Rechnungswesen pro verwendet, um Buchungen/Posten als Mahnzins/Mahngebühr zu identifizieren.

Für diese Posten werden z. B. beim Erstellen von Mahnungen keine Mahnzinsen berechnet.

31 = Mahnzins

DATEV FORMATBESCHREIBUNG

40 = Mahngebühr

Nur in Verbindung mit OPOS relevant.

19 Zinssperre Zahl 1 0 1 Hier kann eine Zinssperre übergeben werden; dadurch werden für diesen Posten bei Erstellung einer Mahnung keine Mahnzinsen ermittelt.

Nur in Verbindung mit OPOS relevant.

keine Angabe und 0 = keine Sperre

1 = Zinssperre

20 Beleglink Text 210 0 210 Link auf den Buchungsbeleg, der digital in einem Dokumenten-Management-System (z. B. DATEV Dokumentenablage, DATEV DMS classic) abgelegt wurde.

Beispiel für eine Beleg-ID eines Belegs aus DATEV Unternehmen online:

CB6A8F8F-099A-B3A9-2BAA-0CB64E299BA

(32 von 36 möglichen Zeichen)

21 Beleginfo – Art 1 Text 20 0 20 Bei einem ASCII-Format, das aus einem DATEV pro-Rechnungswesen-Programm erstellt wurde, können diese Felder Informationen aus einem Beleg (z. B. einem elektronischen Kontoumsatz) enthalten.

Wenn die Feldlänge eines Beleginfo-Inhalts-Felds überschritten wird, wird die Information im nächsten Beleginfo-Feld weitergeführt.

Wichtiger Hinweis

Eine Beleginfo besteht immer aus den Bestandteilen Beleginfo-Art und Beleginfo-Inhalt. Wenn Sie die Beleginfo nutzen möchten, befüllen Sie immer beide Felder.

Beispiel:

Beleginfo-Art: Kontoumsätze der jeweiligen Bank

Beleginfo-Inhalt: Buchungsspezifische Inhalte zu den oben genannten Informationsarten

22 Beleginfo – Inhalt 1 Text 210 0 210

23 Beleginfo – Art 2 Text 20 0 20

24 Beleginfo – Inhalt 2 Text 210 0 210

25 Beleginfo – Art 3 Text 20 0 20

26 Beleginfo – Inhalt 3 Text 210 0 210

27 Beleginfo – Art 4 Text 20 0 20

DATEV FORMATBESCHREIBUNG

28 Beleginfo – Inhalt 4 Text 210 0 210

29 Beleginfo – Art 5 Text 20 0 20

30 Beleginfo – Inhalt 5 Text 210 0 210

31 Beleginfo – Art 6 Text 20 0 20

32 Beleginfo – Inhalt 6 Text 210 0 210

33 Beleginfo – Art 7 Text 20 0 20

34 Beleginfo – Inhalt 7 Text 210 0 210

35 Beleginfo – Art 8 Text 20 0 20

36 Beleginfo – Inhalt 8 Text 210 0 210

37 KOST1 – Kostenstelle Text 8 0 8 Über KOST1 erfolgt die Zuordnung des Geschäftsvorfalls für die anschließende Kostenrechnung.

38 KOST2 – Kostenstelle Text 8 0 8 Über KOST2 erfolgt die Zuordnung des Geschäftsvorfalls für die anschließende Kostenrechnung.

Nr. Feldname Typ Länge NKS Max. Länge Muss-Feld Beschreibung

39 Kost Menge Zahl 9 2 12 Im KOST-Mengenfeld wird die Wertgabe zu einer bestimmten Bezugsgröße für eine Kostenstelle erfasst. Diese Bezugsgröße kann z. B. kg, g, cm, m, % sein. Die Bezugsgröße ist definiert in den Kostenrechnungs-Stammdaten.

Beispiel: 123123123,12

40 EU-Land u. USt-IdNr. Text 15 0 15 Die USt-IdNr. besteht aus:

☐ 2-stelligen Länderkürzel (siehe Dok.-Nr. 1080169; Ausnahme Griechenland: Das Länderkürzel lautet EL)

☐ 13-stelliger USt-IdNr.

41 EU-Steuersatz Zahl 2 2 5 Nur für entsprechende EU-Buchungen:

Der im EU-Bestimmungsland gültige Steuersatz.

Beispiel: 12,12

42 Abw. Versteuerungsart Text 1 0 1 Für Buchungen, die in einer von der Mandantenstammdaten-Schlüsselung abweichenden Umsatzsteuerart verarbeitet werden sollen, kann die abweichende Versteuerungsart im Buchungssatz übergeben werden:

I = Ist-Versteuerung

K = keine Umsatzsteuerrechnung

DATEV FORMATBESCHREIBUNG

P = Pauschalierung (z. B. für Land- und Forstwirtschaft)

S= Soll-Versteuerung

43 Sachverhalt L+L Zahl 3 0 3 Sachverhalte gem. § 13b Abs. 1 Satz 1 Nrn. 1.ff UStG

Achtung: Der Wert 0 ist unzulässig.

(siehe Dok.-Nr. 1034915)

44 Funktionsergänzung L+L

Zahl 3 0 3 Steuersatz/Funktion zum L+L-Sachverhalt

Achtung: Der Wert 0 ist unzulässig.

(siehe Dok.-Nr. 1034915)

45 BU 49 Hauptfunktionstyp

Zahl 1 0 1 Bei Verwendung des BU-Schlüssels 49 für "andere Steuersätze" muss der steuerliche Sachverhalt mitgegeben werden.

46 BU 49 Hauptfunktionsnummer

Zahl 2 0 2

47 BU 49 Funktionsergänzung

Zahl 3 0 3

48 Zusatzinformation – Art 1

Text 20 0 20 Zusatzinformationen, die zu Buchungssätzen erfasst werden können.

Diese Zusatzinformationen besitzen den Charakter eines Notizzettels und können frei erfasst werden.

Wichtiger Hinweis Eine Zusatzinformation besteht immer aus den Bestandteilen Informationsart und Informationsinhalt. Wenn Sie die Zusatzinformation nutzen möchten, füllen Sie immer beide Felder.

Beispiel: Informationsart, z. B. Filiale oder Mengengrößen (qm)

Informationsinhalt: Buchungsspezifische Inhalte zu den oben genannten Informationsarten.

49 Zusatzinformation – Inhalt 1

Text 210 0 210

50 Zusatzinformation – Art 2

DATEV FORMATBESCHREIBUNG

Text 20 0 20

51 Zusatzinformation – Inhalt 2

Text 210 0 210

52 Zusatzinformation – Art 3

Text 20 0 20

53 Zusatzinformation – Inhalt 3

Text 210 0 210

54 Zusatzinformation – Art 4

Text 20 0 20

55 Text 210 0 210

Nr. Feldname Typ Länge NKS Max. Länge Muss-Feld Beschreibung

Zusatzinformation – Inhalt 4

56 Zusatzinformation – Art 5

Text 20 0 20

57 Zusatzinformation – Inhalt 5

Text 210 0 210

58 Zusatzinformation – Art 6

Text 20 0 20

59 Zusatzinformation – Inhalt 6

Text 210 0 210

60 Zusatzinformation – Art 7

Text 20 0 20

61 Zusatzinformation – Inhalt 7

Text 210 0 210

62 Zusatzinformation – Art 8

Text 20 0 20

63 Zusatzinformation – Inhalt 8

DATEV FORMATBESCHREIBUNG

Text 210 0 210

64 Zusatzinformation – Art 9

Text 20 0 20

65 Zusatzinformation – Inhalt 9

Text 210 0 210

66 Zusatzinformation – Art 10

Text 20 0 20

67 Zusatzinformation – Inhalt 10

Text 210 0 210

68 Zusatzinformation – Art 11

Text 20 0 20

69 Zusatzinformation – Inhalt 11

Text 210 0 210

70 Zusatzinformation – Art 12

Text 20 0 20

71 Zusatzinformation – Inhalt 12

Text 210 0 210

72 Zusatzinformation – Art 13

Text 20 0 20

73 Zusatzinformation – Inhalt 13

Text 210 0 210

74 Zusatzinformation – Art 14

Text 20 0 20

75 Zusatzinformation – Inhalt 14

Text 210 0 210

76 Zusatzinformation – Art 15

Text 20 0 20

DATEV FORMATBESCHREIBUNG

77 Zusatzinformation – Inhalt 15

Text 210 0 210

78 Zusatzinformation – Art 16

Text 20 0 20

79 Zusatzinformation – Inhalt 16

Text 210 0 210

80 Zusatzinformation – Art 17

Text 20 0 20

Nr. Feldname Typ Länge NKS Max. Länge Muss-Feld Beschreibung

81 Zusatzinformation – Inhalt 17

Text 210 0 210

82 Zusatzinformation – Art 18

Text 20 0 20

83 Zusatzinformation – Inhalt 18

Text 210 0 210

84 Zusatzinformation – Art 19

Text 20 0 20

85 Zusatzinformation – Inhalt 19

Text 210 0 210

86 Zusatzinformation – Art 20

Text 20 0 20

87 Zusatzinformation – Inhalt 20

Text 210 0 210

88 Stück Zahl 8 0 8 Wirkt sich nur bei Sachverhalt mit SKR14 Land- und Forstwirtschaft aus, für andere SKR werden die Felder beim Import/Export überlesen bzw. leer exportiert. 89 Gewicht Zahl 8 2 11

90 Zahlweise Zahl 2 0 2 OPOS-Informationen kommunal

1 = Lastschrift

2 = Mahnung

3 = Zahlung

91 Forderungsart Text 10 0 10 OPOS-Informationen kommunal

92 Veranlagungsjahr Zahl 4 0 4 OPOS-Informationen kommunal

Format: JJJJ

93 Zugeordnete Fälligkeit Datum 8 0 10 OPOS-Informationen kommunal

Format: TTMMJJJJ

94 Skontotyp Zahl 1 0 1 1 = Einkauf von Waren

2 = Erwerb von Roh-Hilfs- und Betriebsstoffen

95 Auftragsnummer Text 30 0 30 Allgemeine Bezeichnung, des Auftrags/Projekts

96 Buchungstyp Text 2 0 2 AA = Angeforderte Anzahlung/Abschlagsrechnung

AG = Erhaltene Anzahlung (Geldeingang)

AV = Erhaltene Anzahlung (Verbindlichkeit)

SR = Schlussrechnung

SU = Schlussrechnung (Umbuchung)

SG = Schlussrechnung (Geldeingang)

SO = Sonstige

97 USt-Schlüssel (Anzahlungen)

Zahl 2 0 2 USt-Schlüssel der späteren Schlussrechnung

98 EU-Mitgliedstaat (Anzahlungen)

Text 2 0 2 EU-Mitgliedstaat der späteren Schlussrechnung

(siehe Dok.-Nr. 1080169)

99 Sachverhalt L+L (Anzahlungen)

Zahl 3 0 3 L+L-Sachverhalt der späteren Schlussrechnung

Sachverhalte gem. § 13b Abs. 1 Satz 1 Nrn. 1.-5. UStG

Achtung: Der Wert 0 ist unzulässig.

100 EU-Steuersatz (Anzahlungen)

DATEV FORMATBESCHREIBUNG

Zahl 2 2 5 EU-Steuersatz der späteren Schlussrechnung

Nur für entsprechende EU-Buchungen: Der im EUBestimmungsland gültige Steuersatz.

Nr. Feldname Typ Länge NKS Max. Länge Muss-Feld Beschreibung

Beispiel: 12,12

101 Erlöskonto (Anzahlungen)

Konto 9 0 9 Erlöskonto der späteren Schlussrechnung

102 Herkunft-Kz Text 2 0 2 Wird beim Import durch SV (Stapelverarbeitung) ersetzt.

103 Leerfeld Text 36 0 36 Wird von DATEV verwendet.

104 KOST-Datum Datum 8 0 8 Format TTMMJJJJ

105 SEPA-Mandatsreferenz Text 35 0 35 Vom Zahlungsempfänger individuell vergebenes Kennzeichen eines Mandats (z. B. Rechnungs- oder Kundennummer).

Beim Import der SEPA-Mandatsreferenz muss immer auch das Feld Geschäftspartnerbank (FeldNr. 17) gefüllt sein.

106 Skontosperre Zahl 1 0 1 0 = keine Skontosperre

1 = Skontosperre

107 Gesellschaftername Text 76 0 76

108 Beteiligtennummer Zahl 4 0 4

109 Identifikationsnummer Text 11 0 11

110 Zeichnernummer Text 20 0 20

111 Postensperre bis Datum 8 0 8 Format: TTMMJJJJ

112 Bezeichnung

SoBil-Sachverhalt

Text 30 0 30

113 Kennzeichen

SoBil-Buchung

Zahl 2 0 2

114 Festschreibung Zahl 1 0 1 leer = nicht definiert; wird ab Jahreswechselversion 2016/2017 automatisch festgeschrieben

DATEV FORMATBESCHREIBUNG

0 = keine Festschreibung

1 = Festschreibung

Hat ein Buchungssatz in diesem Feld den Inhalt 1, so wird der gesamte Stapel nach dem Import festgeschrieben.

Ab Jahreswechselversion 2016/2017 gilt das auch bei Inhalt = leer.

115 Leistungsdatum Datum 8 0 8 Format: TTMMJJJJ

Beim Import des Leistungsdatums muss immer auch das Feld Datum Zuord. Steuerperiode (FeldNr. 116) gefüllt sein

116 Datum Zuord.

Steuerperiode

Datum 8 0 8 Format: TTMMJJJJ

4.3 Feldbeschreibung für wiederkehrende Buchungen Nr. Feldname Typ Länge NKS Max. Länge Muss-Feld Beschreibung

1 B1 Zahl 1 0 1 Im Feld B1 wählen Sie einen Schlüssel für die Behandlung von Belegfeld1 (Rechnungsnummer). Die Schlüssel haben folgende Bedeutung:

1 = Die Rechnungsnummer ist maximal 12-stellig und kann im Rahmen der Verarbeitung nicht verändert werden.

Nr. Feldname Typ Länge NKS Max. Länge Muss-Feld Beschreibung

2 = Die Rechnungsnummer ist maximal 10-stellig und wird im Rahmen der Verarbeitung um 2 Stellen von rechts ergänzt.

3 = Die Rechnungsnummer wird nicht erfasst, sondern bei der Verarbeitung, ausgehend von einer Start-Rechnungsnummer, automatisch hochgezählt.

2 WKZ Umsatz Text 3 0 3 Dreistelliger ISO-Code der Währung

Beachten Sie, dass derzeit nur das Währungskennzeichen EUR zulässig ist.

3 Umsatz (ohne Soll/HabenKennzeichen)

Betrag 10 2 13 Beispiel: 1234567890,12

Muss immer ein positiver Wert sein.

4 Soll/HabenKennzeichen

Text 1 0 1 Standardwert = S

Die Soll-/Haben-Kennzeichnung des Umsatzes bezieht sich auf das Konto, das im Feld Konto angegeben wird:

DATEV FORMATBESCHREIBUNG

S = Soll

H = Haben

5 Kurs Zahl 4 6 11 Der Fremdwährungskurs bestimmt, wie der angegebene Umsatz, der in Fremdwährung übergeben wird, in die Basiswährung umzurechnen ist, wenn es sich um ein Nicht-EWULand handelt.

Beispiel: 1234,123456

Achtung: Der Wert 0 ist unzulässig.

6 Basisumsatz Betrag 10 2 13 Wenn das Feld Basisumsatz verwendet wird, muss auch das Feld WKZ Basisumsatz gefüllt werden.

Beispiel: 1123123123,12

7 WKZ Basisumsatz Text 3 0 3 Währungskennzeichen der hinterlegten Basiswährung. Wenn das Feld WKZ Basisumsatz verwendet wird, muss auch das Feld Basisumsatz verwendet werden.

ISO-Code beachten

Beachten Sie, dass derzeit nur das Währungskennzeichen EUR zulässig ist.

8 BU-Schlüssel Text 2 0 2 Steuerschlüssel und/oder Berichtigungsschlüssel

9 Gegenkonto (ohne BUSchlüssel)

Konto 9 0 9 Sach- oder Personen-Kontonummer

Darf max. 8- bzw. max. 9-stellig sein (abhängig von der Information im Header).

Die Personenkontenlänge darf nur 1 Stelle länger sein als die definierte Sachkontennummernlänge.

10 Belegfeld 1 Text 12 0 12 Rechnungs-/Belegnummer

Das Belegfeld 1 ist der Schlüssel für die Verwaltung von Offenen Posten.

Bei einer Zahlung oder Gutschrift wird der Offene Posten nur dann ausgeglichen, wenn die Belegnummer mit dem Belegfeld 1 identisch ist.

11 Belegfeld 2 Text 12 0 12 Belegnummer oder OPOSVerarbeitungsinformationen

12 Beginndatum Datum 8 0 8 Das Beginndatum legt fest, ab wann die wiederkehrende Buchung verarbeitet werden soll (Format: TTMMJJJJ)

13 Konto Konto 9 0 9 Sach- oder Personen-Kontonummer

Sachkontennummer: max. 8-stellig, PersonenKontonummer: max. 9-stellig (abhängig von der Information im Header).

Nr. Feldname Typ Länge NKS Max. Länge Muss-Feld Beschreibung

DATEV FORMATBESCHREIBUNG

Die Personenkontenlänge darf nur 1 Stelle länger sein als die im Header angegebene Sachkontennummernlänge.

14 Stück Zahl 8 0 8 Wirkt sich nur bei Sachverhalt mit SKR14 Land- und Forstwirtschaft aus; bei anderen SKR werden die Felder beim Import/Export überlesen bzw. leer exportiert.

Beispiel: 12312312,12

15 Gewicht Zahl 8 2 11

16 KOST1 – Kostenstelle Text 8 0 8 Über KOST1 erfolgt die Zuordnung des Geschäftsvorfalls für die anschließende Kostenrechnung.

17 KOST2 – Kostenstelle Text 8 0 8 Über KOST2 erfolgt die Zuordnung des Geschäftsvorfalls für die anschließende Kostenrechnung.

18 KOST-Menge Zahl 9 2 12 Im KOST-Mengenfeld wird der Wert zu einer bestimmten Bezugsgröße für eine Kostenstelle erfasst. Diese Bezugsgröße kann z. B. kg, g, cm, m, % sein. Die Bezugsgröße ist definiert in den Kostenrechnungs-Stammdaten.

Beispiel: 123123123,12

19 Skonto Betrag 8 2 11 Skonto-Betrag/-Abzug

Nur bei Zahlungen zulässig

Beispiel 12123123,12

Achtung: Der Wert 0 ist unzulässig.

20 Buchungstext Text 60 0 60

21 Postensperre Zahl 1 0 1 Mahnungs-/Zahlungs-Sperre

Die Rechnung kann aus dem Mahnwesen / Zahlungsvorschlag ausgeschlossen werden.

1 = Postensperre

0/keine Angabe = keine Sperre

Nur in Verbindung mit einer Rechnungsbuchung und Personenkonto (OPOS) relevant.

22 Diverse Adressnummer Text 9 0 9 Adressnummer einer diversen Adresse

Nur in Verbindung mit OPOS relevant.

23 Geschäftspartnerbank Zahl 3 0 3 Wenn für eine Lastschrift oder Überweisung eine bestimmte Bank des Geschäftspartners genutzt werden soll.

Nur in Verbindung mit OPOS relevant.

DATEV FORMATBESCHREIBUNG

24 Sachverhalt Zahl 2 0 2 Der Sachverhalt wird in Rechnungswesen pro verwendet, um Buchungen/Posten als Mahnzins/Mahngebühr zu identifizieren.

Für diese Posten werden z. B. beim Erstellen von Mahnungen keine Mahnzinsen berechnet.

31 = Mahnzins

40 = Mahngebühr

Nur in Verbindung mit OPOS relevant.

25 Zinssperre Zahl 1 0 1 Hier kann eine Zinssperre übergeben werden; dadurch werden für diesen Posten bei Erstellung einer Mahnung keine Mahnzinsen ermittelt.

Nur in Verbindung mit OPOS relevant.

keine Angabe und 0 = keine Sperre

1 = Zinssperre

26 Leerfeld Text 210 0 210

27 EU-Mitgliedstaat u. USt-IdNr.

Text 15 0 15 Die USt-IdNr. besteht aus

Nr. Feldname Typ Länge NKS Max. Länge Muss-Feld Beschreibung

- 2-stelligen Länderkürzel (siehe Dok.-Nr. 1080169; Ausnahme Griechenland: Das Länderkürzel lautet EL)

- 13-stelliger USt-Id.

28 EU-Steuersatz Zahl 2 2 5 Nur für entsprechende EU-Buchungen: Der im EU-Bestimmungsland gültige Steuersatz.

Beispiel: 12,12

29 Leerfeld Text 1 0 1

30 Sachverhalt L+L Zahl 3 0 3 Sachverhalte gem. § 13b Abs. 1 Satz 1 Nrn. 1.-5. UStG

Achtung: Der Wert 0 ist unzulässig.

31 BU 49 Hauptfunktionstyp

Zahl 1 0 1 Bei Verwendung des BU-Schlüssels 49 für "andere Steuersätze" muss der steuerliche Sachverhalt mitgegeben werden.

32 BU 49 Hauptfunktionsnummer

Zahl 2 0 2

DATEV FORMATBESCHREIBUNG

33 BU 49 Funktionsergänzung

Zahl 3 0 3

34 Zusatzinformation – Art 1

Text 20 0 20 Zusatzinformationen, die zu Buchungssätzen frei erfasst werden können.

Wichtiger Hinweis: Eine Zusatzinformation besteht immer aus den Bestandteilen Informationsart und Informationsinhalt. Wenn Sie die Zusatzinformation nutzen möchten, füllen Sie immer beide Felder.

Beispiel:

Informationsart, z. B. Filiale oder Mengengrößen (qm)

Informationsinhalt: Buchungsspezifische Inhalte zu den oben genannten Informationsarten.

35 Zusatzinformation – Inhalt 1

Text 210 0 210

36 Zusatzinformation – Art 2

Text 20 0 20

37 Zusatzinformation – Inhalt 2

Text 210 0 210

38 Zusatzinformation – Art 3

Text 20 0 20

39 Zusatzinformation – Inhalt 3

Text 210 0 210

40 Zusatzinformation – Art 4

Text 20 0 20

41 Zusatzinformation – Inhalt 4

Text 210 0 210

42 Zusatzinformation – Art 5

Text 20 0 20

43 Zusatzinformation – Inhalt 5

Text 210 0 210

44 Zusatzinformation – Art 6

Text 20 0 20

45 Zusatzinformation – Inhalt 6

Text 210 0 210

46 Zusatzinformation – Art 7

Text 20 0 20

47 Zusatzinformation – Inhalt 7

Text 210 0 210

48 Zusatzinformation – Art 8

Text 20 0 20

49 Zusatzinformation – Inhalt 8

Text 210 0 210

50 Zusatzinformation – Art 9

Text 20 0 20

51 Text 210 0 210

Nr. Feldname Typ Länge NKS Max. Länge Muss-Feld Beschreibung

Zusatzinformation – Inhalt 9

52 Zusatzinformation – Art 10

Text 20 0 20

53 Zusatzinformation – Inhalt 10

Text 210 0 210

54 Zusatzinformation – Art 11

Text 20 0 20

55 Zusatzinformation – Inhalt 11

Text 210 0 210

56 Zusatzinformation – Art 12

DATEV FORMATBESCHREIBUNG

Text 20 0 20

57 Zusatzinformation – Inhalt 12

Text 210 0 210

58 Zusatzinformation – Art 13

Text 20 0 20

59 Zusatzinformation – Inhalt 13

Text 210 0 210

60 Zusatzinformation – Art 14

Text 20 0 20

61 Zusatzinformation – Inhalt 14

Text 210 0 210

62 Zusatzinformation – Art 15

Text 20 0 20

63 Zusatzinformation – Inhalt 15

Text 210 0 210

64 Zusatzinformation – Art 16

Text 20 0 20

65 Zusatzinformation – Inhalt 16

Text 210 0 210

66 Zusatzinformation – Art 17

Text 20 0 20

67 Zusatzinformation – Inhalt 17

Text 210 0 210

68 Zusatzinformation – Art 18

Text 20 0 20

69 Zusatzinformation – Inhalt 18

Text 210 0 210

DATEV FORMATBESCHREIBUNG

70 Zusatzinformation – Art 19

Text 20 0 20

71 Zusatzinformation – Inhalt 19

Text 210 0 210

72 Zusatzinformation – Art 20

Text 20 0 20

73 Zusatzinformation – Inhalt 20

Text 210 0 210

74 Zahlungsweise Zahl 2 0 2 OPOS-Informationen kommunal

Priorität: Das Feld Zahlungsweise hat eine höhere Priorität als das Feld Belegfeld 2 (somit kann auch eine Zahlungskondition über Zahlungsweise gesperrt werden).

9 = Postensperre 1

Nr. Feldname Typ Länge NKS Max. Länge Muss-Feld Beschreibung

75 Forderungsart Text 10 0 10 OPOS-Informationen kommunal

76 Veranlagungsjahr Zahl 4 0 4 OPOS-Informationen kommunal

Format: JJJJ

77 Zugeordnete Fälligkeit Datum 8 0 8 OPOS-Informationen kommunal

Format: TTMMJJJJ

78 Zuletzt per Datum 8 0 8 Format: TTMMJJJJ

79 Nächste Fälligkeit Datum 8 0 8 Format: TTMMJJJJ

80 Enddatum Datum 8 0 8 Enddatum der Buchungsserie Muss nach dem Datum im Feld Beginndatum liegen

Format: TTMMJJJJ

81 Zeitintervallart Text 3 0 3 Ja TAG = Täglich

MON = monatlich

82 Zeitabstand Zahl 3 0 3 Bei Zeitintervallart TAG: 1 - 999

Bei Zeitintervallart MON: 1 - 99

83 Wochentag Zahl 3 0 3 Bei Zeitintervallart = MON:

DATEV FORMATBESCHREIBUNG

1 = Montag

2 = Dienstag

4 = Mittwoch

8 = Donnerstag

16 = Freitag

32 = Samstag

64 = Sonntag

84 Monat Zahl 2 0 2 Leer - wird (derzeit) nicht verwendet

85 Ordnungszahl Tag im Monat

Zahl 2 0 2 Ja Bei Zeitintervallart MON: 1-31

86 Ordnungszahl Wochentag

Zahl 1 0 1 Bei Zeitintervallart MON:

1 = erster

2 = zweiter

3 = dritter

4 = vierter

5 = letzter

87 EndeTyp Zahl 1 0 1 1 = kein Enddatum

2 = Endzeitpunkt bei Anzahl Ereignissen

3 = Endet am

88 Gesellschaftername Text 76 0 76 0

89 Beteiligtennummer Zahl 4 0 4 0

90 Identifikationsnummer Text 11 0 11 0

91 Zeichnernummer Text 20 0 20 0

92 SEPA-Mandatsreferenz Text 35 0 35

93 Postensperre bis Datum 8 0 8

94 KOST-Datum Datum 8 0 8

DATEV FORMATBESCHREIBUNG

95 Bezeichnung

SoBil-Sachverhalt

Text 0 30

Nr. Feldname Typ Länge NKS Max. Länge Muss-Feld Beschreibung

96 Kennzeichen

SoBil-Buchung

Zahl 2 0 2

4.4 Feldbeschreibung für Kontenbeschriftungen Nr. Feldname Typ Länge NKS Max. Länge Muss-Feld Beschreibung

1 Konto Zahl 8 0 8 Ja Sachkontennummer (max. 8-stellig).

2 Kontenbeschriftung Text 40 0 40 Beschriftung des Sachkontos

3 Sprach-ID Text 5 0 5 Sprach-ID der Kontenbeschriftung

de-DE = Deutsch

en-GB = Englisch

4.5 Feldbeschreibung für Debitoren-/Kreditoren-Stammdaten Nr. Feldname Typ Länge NKS Max. Länge Muss-Feld Beschreibung

1 Konto Konto 9 0 9 Ja Personen-Kontonummer (abhängig von der Information im Header)

Sachkontennummernlänge + 1 = Personenkontenlänge

2 Name (Adressatentyp Unternehmen)

Text 50 0 50 Beim Import werden die Felder in der Datenbank gefüllt, auch wenn sie nicht dem Adressatentyp aus Feld 7 entsprechen. Das kann zu ungewollten Effekten im Programm führen. Bitte übergeben Sie nur die zum Adressatentyp passenden Felder. 3 Unternehmensgegenstand Text 50 0 50 4 Name (Adressatentyp natürl. Person) Text 30 0 30

5 Vorname (Adressatentyp natürl. Person)

Text 30 0 30

6 Name (Adressatentyp keine Angabe)

Text 50 0 50

7 Adressatentyp Text 1 0 1 0 = keine Angabe

1 = natürliche Person

DATEV FORMATBESCHREIBUNG

2 = Unternehmen

Standardwert = Unternehmen

8 Kurzbezeichnung Text 15 0 15

9 EU-Land Text 2 0 2 Die USt-IdNr. besteht aus

- 2-stelligen Länderkürzel (siehe Dok.-Nr. 1080169; Ausnahme Griechenland: Das Länderkürzel lautet EL)

- 13-stelliger USt-IdNr.

Beachten Sie, dass kein Leerzeichen zwischen diesen beiden Eingabewerten sein darf.

10 EU-USt-IdNr. Text 13 0 13

11 Anrede Text 30 0 30

12 Titel/Akad. Grad Text 25 0 25 Nur bei Adressatentyp "natürliche Person" relevant.

Wird der Titel/Akad.Grad bei einem Adressatentyp "Unternehmen" übergeben, wird der Wert in den Datenbestand übernommen, ist aber an der Oberfläche nicht sichtbar.

13 Adelstitel Text 15 0 15 Nur bei Adressatentyp "natürliche Person" relevant.

Wird der Adelstitel bei einem Adressatentyp "Unternehmen" übergeben, wird der Wert in den Datenbestand übernommen, ist aber an der Oberfläche nicht sichtbar.

14 Namensvorsatz Text 14 0 14 Nur bei Adressatentyp "natürliche Person" relevant.

Nr. Feldname Typ Länge NKS Max. Länge Muss-Feld Beschreibung

Wird der Namensvorsatz bei einem Adressatentyp "Unternehmen" übergeben, wird der Wert in den Datenbestand übernommen, ist aber an der Oberfläche nicht sichtbar.

15 Adressart Text 3 0 3 STR = Straße PF = Postfach GK = Großkunde

Wird die Adressart nicht übergeben, wird sie automatisch in Abhängigkeit zu den übergebenen Feldern (Straße oder Postfach) gesetzt.

16 Straße Text 36 0 36 Wird sowohl eine Straße als auch ein Postfach übergeben, werden beide Werte in den Datenbestand übernommen; auf der Visitenkarte in den Debitoren-/Kreditoren-Stammdaten wird die Postfachadresse angezeigt. 17 Postfach Text 10 0 10 18 Postleitzahl Text 10 0 10

19 Ort Text 30 0 30

20 Land Text 2 0 2 ISO-Code beachten! (Dok.-Nr. 1080169)

DATEV FORMATBESCHREIBUNG

21 Versandzusatz Text 50 0 50

22 Adresszusatz Text 36 0 36 Beispiel: z. Hd. Herrn Mustermann

23 Abweichende Anrede Text 30 0 30 Es kann ein beliebiger individueller Text verwendet werden.

24 Abw. Zustellbezeichnung 1

Text 50 0 50

25 Abw. Zustellbezeichnung 2

Text 36 0 36

26 Kennz. Korrespondenzadresse

Zahl 1 0 1 1= Kennzeichnung Korrespondenzadresse

27 Adresse gültig von Datum 8 0 8 Format: TTMMJJJJ

28 Adresse gültig bis Datum 8 0 8 Format: TTMMJJJJ

29 Telefon Text 60 0 60 Standard-Telefonnummer

30 Bemerkung (Telefon) Text 40 0 40

31 Telefon Geschäftsleitung Text 60 0 60 Geschäftsleitungs-Telefonnummer

32 Bemerkung (Telefon GL) Text 40 0 40

33 E-Mail Text 60 0 60

34 Bemerkung (E-Mail) Text 40 0 40

35 Internet Text 60 0 60

36 Bemerkung (Internet) Text 40 0 40

37 Fax Text 60 0 60

38 Bemerkung (Fax) Text 40 0 40

39 Sonstige Text 60 0 60

40 Bemerkung (Sonstige) Text 40 0 40

41 Bankleitzahl 1 Text 8 0 8

42 Bankbezeichnung 1 Text 30 0 30

43 Bankkonto-Nummer 1 Text 10 0 10

44 Länderkennzeichen 1 Text 2 0 2 ISO-Code beachten (siehe Dok.-Nr. 1080169)

DATEV FORMATBESCHREIBUNG

45 IBAN 1 Text 34 0 34

Nr. Feldname Typ Länge NKS Max. Länge Muss-Feld Beschreibung

46 Leerfeld Zahl 1 0 1

47 SWIFT-Code 1 Text 11 0 11 Beachten Sie, dass für Zahlung und Lastschriften bis zur Installation der Programm-DVD DATEV pro 8.3 (Januar 2015) BLZ und/oder BIC noch erforderlich sind.

48 Abw. Kontoinhaber 1 Text 70 0 70

49 Kennz. Haupt-Bankverb. 1 Zahl 1 0 1 Kennzeichnung als Haupt-Bankverbindung

1 = Ja 0 = Nein

Nur eine Bankverbindung eines Debitoren oder Kreditoren kann als Haupt-Bankverbindung gekennzeichnet werden.

50 Bankverb. 1 Gültig von Datum 8 0 8 Format: TTMMJJJJ

51 Bankverb. 1 Gültig bis Datum 8 0 8 Format: TTMMJJJJ

52 Bankleitzahl 2 Text 8 0 8

53 Bankbezeichnung 2 Text 30 0 30

54 Bankkonto-Nummer 2 Text 10 0 10

55 Länderkennzeichen 2 Text 2 0 2 ISO-Code beachten (siehe Dok.-Nr. 1080169)

56 IBAN 2 Text 34 0 34

57 Leerfeld Zahl 1 0 1

58 SWIFT-Code 2 Text 11 0 11 Beachten Sie, dass für Zahlung und Lastschriften bis zur Installation der Programm-DVD DATEV pro 8.3 (Januar 2015) BLZ und/oder BIC noch erforderlich sind.

59 Abw. Kontoinhaber 2 Text 70 0 70

60 Kennz. Haupt-Bankverb. 2 Zahl 1 0 1 Kennzeichnung als Haupt-Bankverbindung

1 = Ja 0 = Nein

Nur eine Bankverbindung eines Debitoren oder Kreditoren kann als Haupt-Bankverbindung gekennzeichnet werden.

61 Bankverb. 2 gültig von Datum 8 0 8 Format: TTMMJJJJ

62 Bankverb. 2 gültig bis Datum 8 0 8 Format: TTMMJJJJ

DATEV FORMATBESCHREIBUNG

63 Bankleitzahl 3 Text 8 0 8

64 Bankbezeichnung 3 Text 30 0 30

65 Bankkonto-Nummer 3 Text 10 0 10

66 Länderkennzeichen 3 Text 2 0 2 ISO-Code beachten (siehe Dok.-Nr. 1080169)

67 IBAN 3 Text 34 0 34

68 Leerfeld Zahl 1 0 1

69 SWIFT-Code 3 Text 11 0 11 Beachten Sie, dass für Zahlung und Lastschriften bis zur Installation der Programm-DVD DATEV pro 8.3 (Januar 2015) BLZ und/oder BIC noch erforderlich sind.

70 Abw. Kontoinhaber 3 Text 70 0 70

71 Kennz. Haupt-Bankverb. 3 Zahl 1 0 1 Kennzeichnung als Haupt-Bankverbindung

1 = Ja 0 = Nein

Nr. Feldname Typ Länge NKS Max. Länge Muss-Feld Beschreibung

Nur eine Bankverbindung eines Debitoren oder Kreditoren kann als Haupt-Bankverbindung gekennzeichnet werden.

72 Bankverb. 3 gültig von Datum 8 0 8 Format: TTMMJJJJ

73 Bankverb. 3 gültig bis Datum 8 0 8 Format: TTMMJJJJ

74 Bankleitzahl 4 Text 8 0 8

75 Bankbezeichnung 4 Text 30 0 30

76 Bankkonto-Nummer 4 Text 10 0 10

77 Länderkennzeichen 4 Text 2 0 2 ISO-Code beachten (siehe Dok.-Nr. 1080169)

78 IBAN 4 Text 34 0 34

79 Leerfeld Zahl 1 0 1

80 SWIFT-Code 4 Text 11 0 11 Beachten Sie, dass für Zahlung und Lastschriften bis zur Installation der Programm-DVD DATEV pro 8.3 (Januar 2015) BLZ und/oder BIC noch erforderlich sind.

81 Abw. Kontoinhaber 4 Text 70 0 70

82 Kennz. Haupt-Bankverb. 4 Zahl 1 0 1 Kennzeichnung als Haupt-Bankverbindung

1 = Ja 0 = Nein

DATEV FORMATBESCHREIBUNG

Nur eine Bankverbindung eines Debitoren oder Kreditoren kann als Haupt-Bankverbindung gekennzeichnet werden.

83 Bankverb. 4 Gültig von Datum 8 0 8 Format: TTMMJJJJ

84 Bankverb. 4 Gültig bis Datum 8 0 8 Format: TTMMJJJJ

85 Bankleitzahl 5 Text 8 0 8

86 Bankbezeichnung 5 Text 30 0 30

87 Bankkonto-Nummer 5 Text 10 0 10

88 Länderkennzeichen 5 Text 2 0 2 ISO-Code beachten (siehe Dok.-Nr. 1080169)

89 IBAN 5 Text 34 0 34

90 Leerfeld Zahl 1 0 1

91 SWIFT-Code 5 Text 11 0 11 Beachten Sie, dass für Zahlung und Lastschriften bis zur Installation der Programm-DVD DATEV pro 8.3 (Januar 2015) BLZ und/oder BIC noch erforderlich sind.

92 Abw. Kontoinhaber 5 Text 70 0 70

93 Kennz. Haupt-Bankverb. 5 Zahl 1 0 1 Kennzeichnung als Haupt-Bankverbindung

1 = Ja 0 = Nein

Nur eine Bankverbindung eines Debitoren oder Kreditoren kann als Haupt-Bankverbindung gekennzeichnet werden.

94 Bankverb. 5 gültig von Datum 8 0 8 Format: TTMMJJJJ

95 Bankverb. 5 gültig bis Datum 8 0 8 Format: TTMMJJJJ

96 Leerfeld Zahl 3 0 3

97 Briefanrede Text 100 0 100

98 Grußformel Text 50 0 50

99 Kundennummer Text 15 0 15

Nr. Feldname Typ Länge NKS Max. Länge Muss-Feld Beschreibung

Kann nicht geändert werden, wenn zentralisierte Geschäftspartner verwendet werden.

100 Steuernummer Text 20 0 20

101 Sprache Zahl 2 0 2 1 = Deutsch 4 = Französisch 5 = Englisch 10 = Spanisch 19 = Italienisch

DATEV FORMATBESCHREIBUNG

102 Ansprechpartner Text 40 0 40

103 Vertreter Text 40 0 40

104 Sachbearbeiter Text 40 0 40

105 Diverse-Konto Zahl 1 0 1 0 = Nein 1 = Ja

106 Ausgabeziel Zahl 1 0 1 1 = Druck 2 = Telefax 3 = E-Mail

107 Währungssteuerung Zahl 1 0 1 0 = Zahlungen in Eingabewährung

2 = Ausgabe in EUR

108 Kreditlimit (Debitor) Betrag 10 0 13 Nur für Debitoren gültig

Beispiel: 1.123.123,123

109 Zahlungsbedingung Zahl 3 0 3 Eine gespeicherte Zahlungsbedingung kann hier einem Geschäftspartner zugeordnet werden.

110 Fälligkeit in Tagen (Debitor)

Zahl 3 0 3 Nur für Debitoren gültig

111 Skonto in Prozent (Debitor)

Zahl 2 2 5 Nur für Debitoren gültig

Beispiel: 12,12

112 Kreditoren-Ziel 1 (Tage) Zahl 2 0 2 Nur für Kreditoren gültig

113 Kreditoren-Skonto 1 (%) Zahl 2 2 5 Nur für Kreditoren gültig

Beispiel: 12,12

114 Kreditoren-Ziel 2 (Tage) Zahl 2 0 2 Nur für Kreditoren gültig

115 Kreditoren-Skonto 2 (%) Zahl 2 2 5 Nur für Kreditoren gültig

Beispiel: 12,12

116 Kreditoren-Ziel 3 Brutto (Tage)

Zahl 3 0 3 Nur für Kreditoren gültig

117 Kreditoren-Ziel 4 (Tage) Zahl 2 0 2 Nur für Kreditoren gültig

118 Kreditoren-Skonto 4 (%) Zahl 2 2 5 Nur für Kreditoren gültig

Beispiel: 12,12

119 Kreditoren-Ziel 5 (Tage) Zahl 2 0 2 Nur für Kreditoren gültig

DATEV FORMATBESCHREIBUNG

120 Kreditoren-Skonto 5 (%) Zahl 2 2 5 Nur für Kreditoren gültig

Beispiel: 12,12

121 Mahnung Zahl 1 0 1 0 = Keine Angaben

1 = 1. Mahnung

2 = 2. Mahnung

3 = 1. + 2. Mahnung

4 = 3. Mahnung

5 = (nicht vergeben)

6 = 2. + 3. Mahnung

Nr. Feldname Typ Länge NKS Max. Länge Muss-Feld Beschreibung

7 = 1., 2. + 3. Mahnung

9 = keine Mahnung

122 Kontoauszug Zahl 1 0 1 1 = Kontoauszug für alle Posten

2 = Auszug nur dann, wenn ein Posten mahnfähig ist

3 = Auszug für alle mahnfälligen Posten

9 = kein Kontoauszug

123 Mahntext 1 Zahl 1 0 1 Leer = keinen Mahntext ausgewählt

1 = Textgruppe 1 ... 9 = Textgruppe 9

124 Mahntext 2 Zahl 1 0 1 Leer = keinen Mahntext ausgewählt

1 = Textgruppe 1 ... 9 = Textgruppe 9

125 Mahntext 3 Zahl 1 0 1 Leer = keinen Mahntext ausgewählt

1 = Textgruppe 1 ... 9 = Textgruppe 9

126 Kontoauszugstext Zahl 1 0 1 Leer = kein Kontoauszugstext ausgewählt

1 = Kontoauszugstext 1 ... 8 = Kontoauszugstext 8 9 = Kein Kontoauszugstext

127 Mahnlimit Betrag Betrag 5 2 9 Beispiel: 12.123,12

128 Mahnlimit % Zahl 2 2 5 Beispiel: 12,12

129 Zinsberechnung Zahl 1 0 1 0 = MPD-Schlüsselung gilt

1 = Fester Zinssatz

2 = Zinssatz über Staffel

9 = Keine Berechnung für diesen Debitor

130 Mahnzinssatz 1 Zahl 2 2 5 Beispiel: 12,12

131 Mahnzinssatz 2 Zahl 2 2 5 Beispiel: 12,12

132 Mahnzinssatz 3 Zahl 2 2 5 Beispiel: 12,12

133 Lastschrift Text 1 0 1 Leer bzw. 0 = keine Angaben, es gilt die MPDSchlüsselung

7 = SEPA-Lastschrift mit einer Rechnung

8 = SEPA-Lastschrift mit mehreren Rechnungen

9 = kein Lastschriftverfahren bei diesem Debitor

134 Verfahren Text 1 0 1 0 = Einzugsermächtigung

1 = Abbuchungsverfahren

135 Mandantenbank Zahl 4 0 4 Zuordnung der gespeicherten Mandantenbank, die für das Lastschriftverfahren verwendet werden soll.

136 Zahlungsträger Text 1 0 1 Leer bzw. 0 = keine Angaben, es gilt die MPD-Schlüsselung

7 = SEPA-Überweisung mit einer Rechnung

8 = SEPA-Überweisung mit mehreren Rechnungen

9 = keine Überweisungen, Schecks

137 Indiv. Feld 1 Text 40 0 40

Nr. Feldname Typ Länge NKS Max. Länge Muss-Feld Beschreibung

138 Indiv. Feld 2 Text 40 0 40

139 Indiv. Feld 3 Text 40 0 40

140 Indiv. Feld 4 Text 40 0 40

141 Indiv. Feld 5 Text 40 0 40

142 Indiv. Feld 6 Text 40 0 40

143 Indiv. Feld 7 Text 40 0 40

144 Indiv. Feld 8 Text 40 0 40

145 Indiv. Feld 9 Text 40 0 40

146 Indiv. Feld 10 Text 40 0 40

147 Indiv. Feld 11 Text 40 0 40 Wird derzeit nicht übernommen

148 Indiv. Feld 12 Text 40 0 40 Wird derzeit nicht übernommen

149 Indiv. Feld 13 Text 40 0 40 Wird derzeit nicht übernommen

150 Indiv. Feld 14 Text 40 0 40 Wird derzeit nicht übernommen

151 Indiv. Feld 15 Text 40 0 40 Wird derzeit nicht übernommen

152 Abweichende Anrede (Rechnungsadresse)

Text 30 0 30 Es kann ein beliebiger individueller Text verwendet werden.

153 Adressart (Rechnungsadresse)

Text 3 0 3 STR = Straße PF = Postfach GK = Großkunde

Wird die Adressart nicht übergeben, wird sie automatisch in Abhängigkeit zu den übergebenen Feldern (Straße oder Postfach) gesetzt.

154 Straße (Rechnungsadresse)

Text 36 0 36 Wird sowohl eine Straße als auch ein Postfach übergeben, werden beide Werte in den Datenbestand übernommen; auf der Visitenkarte in den Debitoren-/Kreditoren-Stammdaten wird die Postfachadresse angezeigt.

155 Postfach (Rechnungsadresse)

Text 10 0 10

156 Postleitzahl (Rechnungsadresse)

Text 10 0 10

157 Ort (Rechnungsadresse) Text 30 0 30

158 Land (Rechnungsadresse) Text 2 0 2 ISO-Code beachten (siehe Dok.-Nr. 1080169)

159 Versandzusatz (Rechnungsadresse)

Text 50 0 50

160 Adresszusatz (Rechnungsadresse)

Text 36 0 36 Beispiel: z. Hd. Herrn Mustermann

161 Abw. Zustellbezeichnung 1 (Rechnungsadresse)

Text 50 0 50

162 Abw. Zustellbezeichnung 2 (Rechnungsadresse)

Text 36 0 36

163 Adresse Gültig von (Rechnungsadresse)

Datum 8 0 8 Format: TTMMJJJJ

164 Adresse Gültig bis (Rechnungsadresse)

Datum 8 0 8 Format: TTMMJJJJ

165 Bankleitzahl 6 Text 8 0 8

166 Bankbezeichnung 6 Text 30 0 30

167 Bankkonto-Nummer 6 Text 10 0 10

Nr. Feldname Typ Länge NKS Max. Länge Muss-Feld Beschreibung

168 Länderkennzeichen 6 Text 2 0 2 ISO-Code beachten (siehe Dok.-Nr. 1080169)

169 IBAN 6 Text 34 0 34

170 Leerfeld Text 1 0 1

171 SWIFT-Code 6 Text 11 0 11 Beachten Sie, dass für Zahlung und Lastschriften bis zur Installation der Programm-DVD DATEV pro 8.3 (Januar 2015) BLZ und/oder BIC noch erforderlich sind.

172 Abw. Kontoinhaber 6 Text 70 0 70

173 Kennz. Haupt-Bankverb. 6 Zahl 1 0 1 Kennzeichnung als Haupt-Bankverbindung

1 = Ja 0 = Nein

Nur eine Bankverbindung eines Debitoren oder Kreditoren kann als Haupt-Bankverbindung gekennzeichnet werden.

174 Bankverb 6 gültig von Datum 8 0 8 Format: TTMMJJJJ

175 Bankverb 6 gültig bis Datum 8 0 8 Format: TTMMJJJJ

176 Bankleitzahl 7 Text 8 0 8

177 Bankbezeichnung 7 Text 30 0 30

178 Bankkonto-Nummer 7 Text 10 0 10

179 Länderkennzeichen 7 Text 2 0 2 ISO-Code beachten (oder Dok.-Nr. 1080169)

DATEV FORMATBESCHREIBUNG

180 IBAN 7 Text 34 0 34

181 Leerfeld Text 1 0 1

182 SWIFT-Code 7 Text 11 0 11 Beachten Sie, dass für Zahlung und Lastschriften bis zur Installation der Programm-DVD DATEV pro 8.3 (Januar 2015) BLZ und/oder BIC noch erforderlich sind.

183 Abw. Kontoinhaber 7 Text 70 0 70

184 Kennz. Haupt-Bankverb. 7 Zahl 1 0 1 Kennzeichnung als Haupt-Bankverbindung

1 = Ja 0 = Nein

Nur eine Bankverbindung eines Debitoren oder Kreditoren kann als Haupt-Bankverbindung gekennzeichnet werden.

185 Bankverb 7 gültig von Datum 8 0 8 Format: TTMMJJJJ

186 Bankverb 7 gültig bis Datum 8 0 8 Format: TTMMJJJJ

187 Bankleitzahl 8 Text 8 0 8

188 Bankbezeichnung 8 Text 30 0 30

189 Bankkonto-Nummer 8 Text 10 0 10

190 Länderkennzeichen 8 Text 2 0 2 ISO-Code beachten (siehe Dok.-Nr. 1080169)

191 IBAN 8 Text 34 0 34

192 Leerfeld Text 1 0 1

193 SWIFT-Code 8 Text 11 0 11 Beachten Sie, dass für Zahlung und Lastschriften bis zur Installation der Programm-DVD DATEV pro 8.3 (Januar 2015) BLZ und/oder BIC noch erforderlich sind.

194 Abw. Kontoinhaber 8 Text 70 0 70

195 Kennz. Haupt-Bankverb. 8 Zahl 1 0 1 Kennzeichnung als Haupt-Bankverbindung

Nr. Feldname Typ Länge NKS Max. Länge Muss-Feld Beschreibung

1 = Ja 0 = Nein

Nur eine Bankverbindung eines Debitoren oder Kreditoren kann als Haupt-Bankverbindung gekennzeichnet werden.

196 Bankverb 8 gültig von Datum 8 0 8 Format: TTMMJJJJ

197 Bankverb 8 gültig bis Datum 8 0 8 Format: TTMMJJJJ

DATEV FORMATBESCHREIBUNG

198 Bankleitzahl 9 Text 8 0 8

199 Bankbezeichnung 9 Text 30 0 30

200 Bankkonto-Nummer 9 Text 10 0 10

201 Länderkennzeichen 9 Text 2 0 2 ISO-Code beachten (siehe Dok.-Nr. 1080169)

202 IBAN 9 Text 34 0 34

203 Leerfeld Text 1 0 1

204 SWIFT-Code 9 Text 11 0 11 Beachten Sie, dass für Zahlung und Lastschriften bis zur Installation der Programm-DVD DATEV pro 8.3 (Januar 2015) BLZ und/oder BIC noch erforderlich sind.

205 Abw. Kontoinhaber 9 Text 70 0 70

206 Kennz. Haupt-Bankverb. 9 Zahl 1 0 1 Kennzeichnung als Haupt-Bankverbindung

1 = Ja 0 = Nein

Nur eine Bankverbindung eines Debitoren oder Kreditoren kann als Haupt-Bankverbindung gekennzeichnet werden.

207 Bankverb 9 gültig von Datum 8 0 8 Format: TTMMJJJJ

208 Bankverb 9 gültig bis Datum 8 0 8 Format: TTMMJJJJ

209 Bankleitzahl 10 Text 8 0 8

210 Bankbezeichnung 10 Text 30 0 30

211 Bankkonto-Nummer 10 Text 10 0 10

212 Länderkennzeichen 10 Text 2 0 2 ISO-Code beachten (siehe Dok.-Nr. 1080169)

213 IBAN 10 Text 34 0 34

214 Leerfeld Text 1 0 1

215 SWIFT-Code 10 Text 11 0 11 Beachten Sie, dass für Zahlung und Lastschriften bis zur Installation der Programm-DVD DATEV pro 8.3 (Januar 2015) BLZ und/oder BIC noch erforderlich sind.

216 Abw. Kontoinhaber 10 Text 70 0 70

217 Kennz. Haupt-Bankverb. 10

Zahl 1 0 1 Kennzeichnung als Haupt-Bankverbindung

1 = Ja 0 = Nein

Nur eine Bankverbindung eines Debitoren oder Kreditoren kann als Haupt-Bankverbindung gekennzeichnet werden.

218 Bankverb 10 gültig von Datum 8 0 8 Format: TTMMJJJJ

219 Bankverb 10 gültig bis Datum 8 0 8 Format: TTMMJJJJ

220 Nummer Fremdsystem Text 15 0 15 Achtung: Wird bei Verwendung zentralisierter Geschäftspartner von DATEV überschrieben.

221 Insolvent Zahl 1 0 1 0 = Nein

Nr. Feldname Typ Länge NKS Max. Länge Muss-Feld Beschreibung

1 = Ja

222 SEPA-Mandatsreferenz 1 Text 35 0 35 Sie können im Feld Mandatsreferenz dem Geschäftspartner je Bank eine Mandatsreferenz eintragen. Für eine korrekte Verwendung muss in der SEPA-Mandatsverwaltung die Mandatsreferenz für den Lastschriftteilnehmer vorhanden sein. 223 SEPA-Mandatsreferenz 2 Text 35 0 35 224 SEPA-Mandatsreferenz 3 Text 35 0 35 225 SEPA-Mandatsreferenz 4 Text 35 0 35

226 SEPA-Mandatsreferenz 5 Text 35 0 35

227 SEPA-Mandatsreferenz 6 Text 35 0 35

228 SEPA-Mandatsreferenz 7 Text 35 0 35

229 SEPA-Mandatsreferenz 8 Text 35 0 35

230 SEPA-Mandatsreferenz 9 Text 35 0 35

231 SEPA-Mandatsreferenz 10 Text 35 0 35

232 Verknüpftes OPOS-Konto Konto 9 0 9 Sie können für den Geschäftspartner das korrespondierende Konto (im Kreditorenbereich) erfassen, wenn es sich bei dem Geschäftspartner sowohl um einen Kunden als auch um einen Lieferanten handelt.

233 Mahnsperre bis Datum 8 0 8 Format: TTMMJJJJ

234 Lastschriftsperre bis Datum 8 0 8 Format: TTMMJJJJ

235 Zahlungssperre bis Datum 8 0 8 Format: TTMMJJJJ

236 Gebührenberechnung Zahl 1 0 1 0 = MPD-Schlüsselung gilt

1 = Mahngebühr berechnen

9 = Keine Berechnung für diesen Debitor

237 Mahngebühr 1 Zahl 2 2 5 Beispiel: 12,12

DATEV FORMATBESCHREIBUNG

238 Mahngebühr 2 Zahl 2 2 5 Beispiel: 12,12

239 Mahngebühr 3 Zahl 2 2 5 Beispiel: 12,12

240 Pauschalberechnung Zahl 1 0 1 0 = MPD-Schlüsselung gilt

1 = Verzugspauschale berechnen

9 = Keine Berechnung für diesen Debitor

241 Verzugspauschale 1 Zahl 3 2 6 Beispiel: 12,12

242 Verzugspauschale 2 Zahl 3 2 6 Beispiel: 12,12

243 Verzugspauschale 3 Zahl 3 2 6 Beispiel: 12,12

4.6 Feldbeschreibung für Textschlüssel (relevant für Sachverhalte Land- und Forstwirtschaft SKR14) Nr. Feldname Typ Länge NKS Max. Länge Muss-Feld Beschreibung

1 TS-Nr. Zahl 4 0 4 Ja Nummer des Textschlüssels

Max. Länge = 3 bei Sachkontennummernlänge = 7

Max. Länge = 4 bei Sachkontennummernlänge = 8

2 Beschriftung Text 40 0 40 Beschriftung des Textschlüssels

3 Ref.-TS Zahl 4 0 4 Ja Referenztextschlüssel

Max. Länge = 3 bei Sachkontennummernlänge = 7

Max. Länge = 4 bei Sachkontennummernlänge = 8

4 Konto Soll Zahl 9 0 9

5 Konto Haben Zahl 9 0 9

Nr. Feldname Typ Länge NKS Max. Länge Muss-Feld Beschreibung

6 Sprach-ID Text 5 0 5 Sprach-ID des Textschlüssels

de-DE = Deutsch

en-GB = Englisch

4.7 Feldbeschreibung für Zahlungsbedingungen Nr. Feldname Typ Länge NKS Max. Länge Muss-Feld Beschreibung

1 Nummer Zahl 3 0 3 Ja Wert: 10 - 999

2 Bezeichnung Text 40 0 40 Bezeichnung der Zahlungsbedingung

3 Fälligkeitstyp Text 1 0 1 Typ der Zahlungsbedingung:

DATEV FORMATBESCHREIBUNG

1 = Fälligkeit in Tagen (Angaben als Tageswerte)

2 = Fälligkeit als Datum (Angaben als Tagesdatum)

4 Skonto 1 % Betrag 2 2 4 Wird bei beiden Fälligkeitstypen genutzt.

5 Skonto 1 Tage Zahl 3 0 3 Zeitdauer in Tagen

6 Skonto 2 % Betrag 2 2 4 Wird bei beiden Fälligkeitstypen genutzt.

7 Skonto 2 Tage Zahl 3 0 3 Zeitdauer in Tagen

8 Fällig Tage Zahl 3 0 3 Zeitdauer in Tagen

9 Rechnung bis / Zeitraum 1

Zahl 2 0 2 Wert: 1 - 31 (= Datum innerhalb eines Monats)

10 Skonto 1 Datum / Zeitraum 1

Zahl 2 0 2 Wert: 1 - 31 (= Datum innerhalb eines Monats)

11 Skonto 1 Monat / Zeitraum 1

Text 1 0 1 0 = Aktueller Monat

1 = Nächster Monat

2 = Übernächster Monat

12 Skonto 2 Datum / Zeitraum 1

Zahl 2 0 2 Wert: 1 - 31 (= Datum innerhalb eines Monats)

13 Skonto 2 Monat / Zeitraum 1

Text 1 0 1 0 = Aktueller Monat

1 = Nächster Monat

2 = Übernächster Monat

14 Fällig Datum / Zeitraum 1

Zahl 2 0 2 Wert: 1 - 31 (= Datum innerhalb eines Monats)

15 Fällig Monat / Zeitraum 1

Text 1 0 1 0 = Aktueller Monat

1 = Nächster Monat

2 = Übernächster Monat

DATEV FORMATBESCHREIBUNG

16 Rechnung bis / Zeitraum 2

Zahl 2 0 2 Wert: 1 - 31 (= Datum innerhalb eines Monats)

17 Skonto 1 Datum / Zeitraum 2

Zahl 2 0 2 Wert: 1 - 31 (= Datum innerhalb eines Monats)

18 Skonto 1 Monat / Zeitraum 2

Text 1 0 1 0 = Aktueller Monat

1 = Nächster Monat

2 = Übernächster Monat

19 Skonto 2 Datum / Zeitraum 2

Zahl 2 0 2 Wert: 1 - 31 (= Datum innerhalb eines Monats)

20 Skonto 2 Monat / Zeitraum 2

Text 1 0 1 0 = Aktueller Monat

1 = Nächster Monat

2 = Übernächster Monat

Nr. Feldname Typ Länge NKS Max. Länge Muss-Feld Beschreibung

21 Fällig Datum / Zeitraum 2

Zahl 2 0 2 Wert: 1 - 31 (= Datum innerhalb eines Monats)

22 Fällig Monat / Zeitraum 2

Text 1 0 1 0 = Aktueller Monat

1 = Nächster Monat

2 = Übernächster Monat

23 Rechnung bis / Zeitraum 3

Zahl 2 0 2 Wert: 1 - 31 (= Datum innerhalb eines Monats)

24 Skonto 1 Datum / Zeitraum 3

Zahl 2 0 2 Wert: 1 - 31 (= Datum innerhalb eines Monats)

25 Skonto 1 Monat / Zeitraum 3

Text 1 0 1 0 = Aktueller Monat

DATEV FORMATBESCHREIBUNG

1 = Nächster Monat

2 = Übernächster Monat

26 Skonto 2 Datum / Zeitraum 3

Zahl 2 0 2 Wert: 1 - 31 (= Datum innerhalb eines Monats)

27 Skonto 2 Monat / Zeitraum 3

Text 1 0 1 0 = Aktueller Monat

1 = Nächster Monat

2 = Übernächster Monat

28 Fällig Datum / Zeitraum 3

Zahl 2 0 2 Wert: 1 - 31 (= Datum innerhalb eines Monats)

29 Fällig Monat / Zeitraum 3

Text 1 0 1 0 = Aktueller Monat

1 = Nächster Monat

2 = Übernächster Monat

30 Leerfeld Text 36 0 36 Wird von DATEV verwendet.

31 Verwendung Zahl 1 0 1 Wird von DATEV verwendet.

4.8 Feldbeschreibung für Diverse Adressen Nr. Feldname Typ Länge NKS Max. Länge Muss-Feld Beschreibung

1 Adressnummer Text 9 0 9 alphanumerisch

2 Konto Konto 9 0 9 Personenkontennummer, der die "Diverse Adresse" zugeordnet werden soll

3 Anrede Text 30 0 30

4 Name (Adressatentyp Unternehmen)

Text 50 0 50

5 Unternehmensgegenstand Text 50 0 50

6 Kurzbezeichnung Text 15 0 15

7 Name (Adressatentyp natürl. Person)

Text 30 0 30

DATEV FORMATBESCHREIBUNG

8 Vorname (Adressatentyp natürl. Person)

Text 30 0 30

9 Name (Adressatentyp keine Angabe)

Text 50 0 50

10 Adressatentyp Text 1 0 1 0 = keine Angabe

1 = Natürliche Person

2 = Unternehmen

Standardwert = 2

11 Titel/Akad. Grad Text 25 0 25 Nur bei Adressatentyp "natürliche Person" relevant.

Nr. Feldname Typ Länge NKS Max. Länge Muss-Feld Beschreibung

Wenn der Titel/Akad.Grad bei einem Adressatentyp "Unternehmen" übergeben wird, wird der Wert in den Datenbestand übernommen, ist aber an der Oberfläche nicht sichtbar.

12 Adelstitel Text 15 0 15 Nur bei Adressatentyp "natürliche Person" relevant.

Wenn der Adelstitel bei einem Adressatentyp "Unternehmen" übergeben wird, wird der Wert in den Datenbestand übernommen, ist aber an der Oberfläche nicht sichtbar.

13 Namensvorsatz Text 14 0 14 Nur bei Adressatentyp "natürliche Person" relevant.

Wenn der Namensvorsatz bei einem Adressatentyp "Unternehmen" übergeben wird, wird der Wert in den Datenbestand übernommen, ist aber an der Oberfläche nicht sichtbar.

14 Abweichende Anrede Text 30 0 30 Es kann ein beliebiger individueller Text verwendet werden.

15 Adressart Text 3 0 3 STR = Straße PF = Postfach GK = Großkunde

Wenn die Adressart nicht übergeben wird, wird sie automatisch in Abhängigkeit zu den übergebenen Feldern (Straße oder Postfach) gesetzt.

16 Straße Text 36 0 36 Wenn sowohl eine Straße als auch ein Postfach übergeben werden, werden beide Werte in den Datenbestand übernommen; auf der Visitenkarte in den Stammdaten der diversen Adresse wird die Postfachadresse angezeigt.
17 Postfach Text 10 0 10 18 Postleitzahl Text 10 0 10

19 Ort Text 30 0 30

20 Land Text 2 0 2 ISO-Code beachten (siehe Dok.-Nr. 1080169)

DATEV FORMATBESCHREIBUNG

21 Versandzusatz Text 50 0 50

22 Adresszusatz Text 36 0 36 Beispiel: z. Hd. Herrn Mustermann

23 Abw. Zustellbezeichnung 1

Text 50 0 50

24 Abw. Zustellbezeichnung 2

Text 36 0 36

25 Kennz. Korrespondenzadresse

Zahl 1 0 1 1 = Kennzeichnung Korrespondenzadresse

26 Adresse Gültig von Datum 8 0 8 Format: TTMMJJJJ

27 Adresse Gültig bis Datum 8 0 8 Format: TTMMJJJJ

28 Abweichende Anrede (Rechnungsadresse)

Text 30 0 30

29 Adressart (Rechnungsadresse)

Text 3 0 3 Straße = STR

Postfach = PF

Großkunden = GK

30 Straße (Rechnungsadresse)

Text 36 0 36

31 Postfach (Rechnungsadresse)

Text 10 0 10

32 Postleitzahl (Rechnungsadresse)

Text 10 0 10

33 Ort (Rechnungsadresse) Text 30 0 30

34 Land (Rechnungsadresse) Text 2 0 2 ISO-Code beachten (siehe Dok.-Nr. 1080169)

Nr. Feldname Typ Länge NKS Max. Länge Muss-Feld Beschreibung

35 Versandzusatz (Rechnungsadresse)

Text 50 0 50

DATEV FORMATBESCHREIBUNG

36 Adresszusatz (Rechnungsadresse)

Text 36 0 36

37 Abw. Zustellbezeichnung 1 (Rechnungsadresse)

Text 50 0 50

38 Abw. Zustellbezeichnung 2 (Rechnungsadresse)

Text 36 0 36

39 Adresse gültig von (Rechnungsadresse)

Datum 8 0 8 Format: TTMMJJJJ

40 Adresse gültig bis (Rechnungsadresse)

Datum 8 0 8 Format: TTMMJJJJ

41 Telefon Text 60 0 60 Standard-Telefonnummer

42 Bemerkung (Telefon Text 40 0 40

43 Telefon Geschäftsleitung Text 60 0 60 Geschäftsleitungs-Telefonnummer

44 Bemerkung (Telefon GL) Text 40 0 40

45 E-Mail Text 60 0 60

46 Bemerkung (E-Mail) Text 40 0 40

47 Internet Text 60 0 60

48 Bemerkung (Internet) Text 40 0 40

49 Fax Text 60 0 60

50 Bemerkung (Fax) Text 40 0 40

51 Sonstige Text 60 0 60

52 Bemerkung (Sonstige) Text 40 0 40

53 Bankleitzahl 1 Text 8 0 8

54 Bankbezeichnung 1 Text 30 0 30

55 Bankkonto-Nummer 1 Text 10 0 10

56 Länderkennzeichen 1 Text 2 0 2 ISO-Code beachten (siehe Dok.-Nr. 1080169)

57 IBAN 1 Text 34 0 34

DATEV FORMATBESCHREIBUNG

58 Leerfeld Text 1 0 1

59 SWIFT-Code 1 Text 11 0 11 Beachten Sie, dass für Zahlung und Lastschriften bis zur Installation der Programm-DVD DATEV pro 8.3 (Januar 2015) BLZ und/oder BIC noch erforderlich sind.

60 Abw. Kontoinhaber 1 Text 70 0 70

61 Kennz. Haupt-Bankverb. 1 Text 1 0 1 Kennzeichnung als Haupt-Bankverbindung

1 = Ja 0 = Nein

Nur eine Bankverbindung einer "Diversen Adresse" kann als Haupt-Bankverbindung gekennzeichnet werden.

62 Bankverb 1 gültig von Datum 8 0 8 Format: TTMMJJJJ

63 Bankverb 1 gültig bis Datum 8 0 8 Format: TTMMJJJJ

64 Bankleitzahl 2 Text 8 0 8

65 Bankbezeichnung 2 Text 30 0 30

66 Bankkonto-Nummer 2 Text 10 0 10

Nr. Feldname Typ Länge NKS Max. Länge Muss-Feld Beschreibung

67 Länderkennzeichen 2 Text 2 0 2 ISO-Code beachten (siehe Dok.-Nr. 1080169)

68 IBAN 2 Text 34 0 34

69 Leerfeld Text 1 0 1

70 SWIFT-Code 2 Text 11 0 11 Beachten Sie, dass für Zahlung und Lastschriften bis zur Installation der Programm-DVD DATEV pro 8.3 (Januar 2015) BLZ und/oder BIC noch erforderlich sind.

71 Abw. Kontoinhaber 2 Text 70 0 70

72 Kennz. Haupt-Bankverb. 2 Text 1 0 1 Kennzeichnung als Haupt-Bankverbindung

1 = Ja 0 = Nein

Nur eine Bankverbindung einer "Diversen Adresse" kann als Haupt-Bankverbindung gekennzeichnet werden.

73 Bankverb 2 gültig von Datum 8 0 8 Format: TTMMJJJJ

74 Bankverb 2 gültig bis Datum 8 0 8 Format: TTMMJJJJ

75 Bankleitzahl 3 Text 8 0 8

DATEV FORMATBESCHREIBUNG

76 Bankbezeichnung 3 Text 30 0 30

77 Bankkonto-Nummer 3 Text 10 0 10

78 Länderkennzeichen 3 Text 2 0 2 ISO-Code beachten (siehe Dok.-Nr. 1080169)

79 IBAN 3 Text 34 0 34

80 Leerfeld Text 1 0 1

81 SWIFT-Code 3 Text 11 0 11 Beachten Sie, dass für Zahlung und Lastschriften bis zur Installation der Programm-DVD DATEV pro 8.3 (Januar 2015) BLZ und/oder BIC noch erforderlich sind.

82 Abw. Kontoinhaber 3 Text 70 0 70

83 Kennz. Haupt-Bankverb. 3 Text 1 0 1 Kennzeichnung als Haupt-Bankverbindung

1 = Ja 0 = Nein

Nur eine Bankverbindung einer "Diversen Adresse" kann als Haupt-Bankverbindung gekennzeichnet werden.

84 Bankverb 3 gültig von Datum 8 0 8 Format: TTMMJJJJ

85 Bankverb 3 gültig bis Datum 8 0 8 Format: TTMMJJJJ

86 Bankleitzahl 4 Text 8 0 8

87 Bankbezeichnung 4 Text 30 0 30

88 Bankkonto-Nummer 4 Text 10 0 10

89 Länderkennzeichen 4 Text 2 0 2 ISO-Code beachten (siehe Dok.-Nr. 1080169)

90 IBAN 4 Text 34 0 34

91 Leerfeld Text 1 0 1

92 SWIFT-Code 4 Text 11 0 11 Beachten Sie, dass für Zahlung und Lastschriften bis zur Installation der Programm-DVD DATEV pro 8.3 (Januar 2015) BLZ und/oder BIC noch erforderlich sind.

93 Abw. Kontoinhaber 4 Text 70 0 70

94 Kennz. Haupt-Bankverb. 4 Text 1 0 1 Kennzeichnung als Haupt-Bankverbindung

1 = Ja 0 = Nein

Nur eine Bankverbindung einer "Diversen Adresse" kann als Haupt-Bankverbindung gekennzeichnet werden.

DATEV FORMATBESCHREIBUNG

Nr. Feldname Typ Länge NKS Max. Länge Muss-Feld Beschreibung

95 Bankverb 4 gültig von Datum 8 0 8 Format: TTMMJJJJ

96 Bankverb 4 gültig bis Datum 8 0 8 Format: TTMMJJJJ

97 Bankleitzahl 5 Text 8 0 8

98 Bankbezeichnung 5 Text 30 0 30

99 Bankkonto-Nummer 5 Text 10 0 10

100 Länderkennzeichen 5 Text 2 0 2 ISO-Code beachten (siehe Dok.-Nr. 1080169)

101 IBAN 5 Text 34 0 34

102 Leerfeld Text 1 0 1

103 SWIFT-Code 5 Text 11 0 11 Beachten Sie, dass für Zahlung und Lastschriften bis zur Installation der Programm-DVD DATEV pro 8.3 (Januar 2015) BLZ und/oder BIC noch erforderlich sind.

104 Abw. Kontoinhaber 5 Text 70 0 70

105 Kennz. Haupt-Bankverb. 5 Text 1 0 1 Kennzeichnung als Haupt-Bankverbindung

1 = Ja 0 = Nein

Nur eine Bankverbindung einer "Diversen Adresse" kann als Haupt-Bankverbindung gekennzeichnet werden.

106 Bankverb 5 gültig von Datum 8 0 8 Format: TTMMJJJJ

107 Bankverb 5 gültig bis Datum 8 0 8 Format: TTMMJJJJ

108 Bankleitzahl 6 Text 8 0 8

109 Bankbezeichnung 6 Text 30 0 30

110 Bankkonto-Nummer 6 Text 10 0 10

111 Länderkennzeichen 6 Text 2 0 2 ISO-Code beachten (siehe Dok.-Nr. 1080169)

112 IBAN 6 Text 34 0 34

113 Leerfeld Text 1 0 1

114 SWIFT-Code 6 Text 11 0 11 Beachten Sie, dass für Zahlung und Lastschriften bis zur Installation der Programm-DVD DATEV pro 8.3 (Januar 2015) BLZ und/oder BIC noch erforderlich sind.

115 Abw. Kontoinhaber 6 Text 70 0 70

DATEV FORMATBESCHREIBUNG

116 Kennz. Haupt-Bankverb. 6 Text 1 0 1 Kennzeichnung als Haupt-Bankverbindung

1 = Ja 0 = Nein

Nur eine Bankverbindung einer "Diversen Adresse" kann als Haupt-Bankverbindung gekennzeichnet werden.

117 Bankverb 6 gültig von Datum 8 0 8 Format: TTMMJJJJ

118 Bankverb 6 gültig bis Datum 8 0 8 Format: TTMMJJJJ

119 Bankleitzahl 7 Text 8 0 8

120 Bankbezeichnung 7 Text 30 0 30

121 Bankkonto-Nummer 7 Text 10 0 10

122 Länderkennzeichen 7 Text 2 0 2 ISO-Code beachten (siehe Dok.-Nr. 1080169)

123 IBAN 7 Text 34 0 34

124 Leerfeld Text 1 0 1

125 SWIFT-Code 7 Text 11 0 11

Nr. Feldname Typ Länge NKS Max. Länge Muss-Feld Beschreibung

Beachten Sie, dass für Zahlung und Lastschriften bis zur Installation der Programm-DVD DATEV pro 8.3 (Januar 2015) BLZ und/oder BIC noch erforderlich sind.

126 Abw. Kontoinhaber 7 Text 70 0 70

127 Kennz. Haupt-Bankverb. 7 Text 1 0 1 Kennzeichnung als Haupt-Bankverbindung

1 = Ja 0 = Nein

Nur eine Bankverbindung einer "Diversen Adresse" kann als Haupt-Bankverbindung gekennzeichnet werden.

128 Bankverb 7 gültig von Datum 8 0 8 Format: TTMMJJJJ

129 Bankverb 7 gültig bis Datum 8 0 8 Format: TTMMJJJJ

130 Bankleitzahl 8 Text 8 0 8

131 Bankbezeichnung 8 Text 30 0 30

132 Bankkonto-Nummer 8 Text 10 0 10

133 Länderkennzeichen 8 Text 2 0 2 ISO-Code beachten (siehe Dok.-Nr. 1080169)

DATEV FORMATBESCHREIBUNG

134 IBAN 8 Text 34 0 34

135 Leerfeld Text 1 0 1

136 SWIFT-Code 8 Text 11 0 11 Beachten Sie, dass für Zahlung und Lastschriften bis zur Installation der Programm-DVD DATEV pro 8.3 (Januar 2015) BLZ und/oder BIC noch erforderlich sind.

137 Abw. Kontoinhaber 8 Text 70 0 70

138 Kennz. Haupt-Bankverb. 8 Text 1 0 1 Kennzeichnung als Haupt-Bankverbindung

1 = Ja 0 = Nein

Nur eine Bankverbindung einer "Diversen Adresse" kann als Haupt-Bankverbindung gekennzeichnet werden.

139 Bankverb 8 gültig von Datum 8 0 8 Format: TTMMJJJJ

140 Bankverb 8 gültig bis Datum 8 0 8 Format: TTMMJJJJ

141 Bankleitzahl 9 Text 8 0 8

142 Bankbezeichnung 9 Text 30 0 30

143 Bankkonto-Nummer 9 Text 10 0 10

144 Länderkennzeichen 9 Text 2 0 2 ISO-Code beachten (siehe Dok.-Nr. 1080169)

145 IBAN 9 Text 34 0 34

146 Leerfeld Text 1 0 1

147 SWIFT-Code 9 Text 11 0 11 Beachten Sie, dass für Zahlung und Lastschriften bis zur Installation der Programm-DVD DATEV pro 8.3 (Januar 2015) BLZ und/oder BIC noch erforderlich sind.

148 Abw. Kontoinhaber 9 Text 70 0 70

149 Kennz. Haupt-Bankverb. 9 Text 1 0 1 Kennzeichnung als Haupt-Bankverbindung

1 = Ja 0 = Nein

Nur eine Bankverbindung einer "Diversen Adresse" kann als Haupt-Bankverbindung gekennzeichnet werden.

150 Bankverb 9 gültig von Datum 8 0 8 Format: TTMMJJJJ

151 Bankverb 9 gültig bis Datum 8 0 8 Format: TTMMJJJJ

152 Bankleitzahl 10 Text 8 0 8

DATEV FORMATBESCHREIBUNG

Nr. Feldname Typ Länge NKS Max. Länge Muss-Feld Beschreibung

153 Bankbezeichnung 10 Text 30 0 30

154 Bankkonto-Nummer 10 Text 10 0 10

155 Länderkennzeichen 10 Text 2 0 2 ISO-Code beachten (siehe Dok.-Nr. 1080169)

156 IBAN 10 Text 34 0 34

157 Leerfeld Text 1 0 1

158 SWIFT-Code 10 Text 11 0 11 Beachten Sie, dass für Zahlung und Lastschriften bis zur Installation der Programm-DVD DATEV pro 8.3 (Januar 2015) BLZ und/oder BIC noch erforderlich sind.

159 Abw. Kontoinhaber 10 Text 70 0 70

160 Kennz. Haupt-Bankverb. 10

Text 1 0 1 Kennzeichnung als Haupt-Bankverbindung

1 = Ja 0 = Nein

Nur eine Bankverbindung einer "Diversen Adresse" kann als Haupt-Bankverbindung gekennzeichnet werden.

161 Bankverb 10 gültig von Datum 8 0 8 Format: TTMMJJJJ

162 Bankverb 10 gültig bis Datum 8 0 8 Format: TTMMJJJJ

163 Kundennummer Text 15 0 15 Kann nicht geändert werden, wenn zentralisierte Geschäftspartner verwendet werden.

164 Ansprechpartner Text 40 0 40

165 Vertreter Text 40 0 40

166 Sachbearbeiter Text 40 0 40

167 Briefanrede Text 100 0 100

168 Grußformel Text 50 0 50

169 Sprache Zahl 2 0 2 1 = Deutsch 4 = Französisch 5 = Englisch 10 = Spanisch 19 = Italienisch

170 Ausgabeziel Zahl 1 0 1

171 Indiv. Feld 1 Text 40 0 40

172 Indiv. Feld 2 Text 40 0 40

DATEV FORMATBESCHREIBUNG

173 Indiv. Feld 3 Text 40 0 40

174 Indiv. Feld 4 Text 40 0 40

175 Indiv. Feld 5 Text 40 0 40

176 Indiv. Feld 6 Text 40 0 40

177 Indiv. Feld 7 Text 40 0 40

178 Indiv. Feld 8 Text 40 0 40

179 Indiv. Feld 9 Text 40 0 40

180 Indiv. Feld 10 Text 40 0 40

181 SEPA-Mandatsreferenz 1 Text 35 0 35 Sie können im Feld Mandatsreferenz dem Geschäftspartner je Bank eine Mandatsreferenz eintragen. Für eine korrekte Verwendung muss in der SEPA-Mandatsverwaltung die Mandatsreferenz für den Lastschriftteilnehmer vorhanden sein. 182 SEPA-Mandatsreferenz 2 Text 35 0 35 183 SEPA-Mandatsreferenz 3 Text 35 0 35

184 SEPA-Mandatsreferenz 4 Text 35 0 35

Nr. Feldname Typ Länge NKS Max. Länge Muss-Feld Beschreibung

185 SEPA-Mandatsreferenz 5 Text 35 0 35

186 SEPA-Mandatsreferenz 6 Text 35 0 35

187 SEPA-Mandatsreferenz 7 Text 35 0 35

188 SEPA-Mandatsreferenz 8 Text 35 0 35

189 SEPA-Mandatsreferenz 9 Text 35 0 35

190 SEPA-Mandatsreferenz 10 Text 35 0 35

191 Nummer Fremdsystem Text 15 0 15 z. B. Kundennummer bei zentralisierten Geschäftspartnern

Stichwortverzeichnis

A

Abrechnungsnummer 16
Automatikkonten 8, 9
Automatikkonto 13

B

Beraternummer 10
Buchungen importieren 79
Buchungsvarianten 84

D

DATEV Auftragsbearbeitung 25
DATEV Export 10
DATEV-Format 300 93
DATEV-Format 510 93
DATEV-Schnittstelle 7
DFV-Kennzeichen 16

E

Exportverzeichnis 27

F

Fehlerprotokoll 88
Firmenassistent 10

H

Hamburger Software 25

K

KNE 5, 14
KNE Format 19
Kontenrahmen 7, 8
Kontenzuordnung 28

L

Lexware 10

M

Mandantennummer 10

N

Nummernkreise 7

O

OBE 5

S

Steuersätze 12
Steuerschlüssel 7

U

Umsatzsteuercodes 46
Umsatzsteuervoranmeldung 66

Glossar

BIC: **B**ank **I**dentifier **C**ode. Ausführliche Informationen dazu finden Sie unter www.zahlungsverkehrsfragen.de/swift.html

IBAN: Die **IBAN** (englisch **I**nternational **B**ank **A**ccount **N**umber, deutsch ‚Internationale Bankkontonummer') ist eine internationale, standardisierte Notation für Bankkontonummern. Sie wird durch die ISO-Norm ISO 13616-1:2007 Teil 1 beschrieben. (Quelle: Wikipedia)

DATEV pro Format: Das neue DATEVpro-Format löst die alten DATEV-Formate (OBE/KNE) komplett ab. Es gibt die Version V3.0 und die neue Version V5.1 mit Festschreibekennzeichen.

Elektronische Signatur: Unter einer elektronischen Signatur versteht man mit elektronischen Informationen verknüpfte Daten, mit denen man den Unterzeichner bzw. Signaturersteller identifizieren und die Integrität der signierten elektronischen Informationen prüfen kann. In der Regel handelt es sich bei den elektronischen Informationen um elektronische Dokumente. Die elektronische Signatur erfüllt somit technisch gesehen den gleichen Zweck wie eine eigenhändige Unterschrift auf Papierdokumenten. (Quelle: www.wikipedia.de)

GDPdU: **G**rundsätze zum **D**atenzugriff und zur **P**rüfbarkeit **d**igitaler **U**nterlagen (gültig vom 01.01.2002 – 01.01.2015)

GoB: **G**rundsätze **o**rdnungsgemäßer **B**uchführung

GoBD: Durch die seit 01.01.2015 gültigen **GoBD** (**G**rundsätze zur **o**rdnungsmäßigen Führung und Aufbewahrung von **B**üchern, Aufzeichnungen und Unterlagen in elektronischer Form sowie zum **D**atenzugriff) werden die aus dem Jahr 1995 stammenden **GoBS** und die **GDPdU** aus dem Jahr 2001 aufgehoben.

KNE: DATEV **K**onto**n**ummern**e**rweiterung von 2000. Bei diesem Format gibt es zwei Dateien: Eine Vorlaufdatei, die **EV01** und eine Datendatei, die **ED00001**.

OBE: DATEV **O**rdnungs**b**egriffs**e**rweiterung von 1993. Bei diesem Format gibt es zwei Dateien: Eine Vorlaufdatei, die **DV01** und eine Datendatei, die **DE001**.

PDF: **P**ortable **D**ocument **F**ormat (auf deutsch: (trans)portables Dokumentenformat) ist ein plattformunabhängiges Dateiformat für Dokumente, das von der Firma Adobe Systems entwickelt und 1993 veröffentlicht wurde.

Plug-in: Softwarehersteller definieren oft Schnittstellen zu ihren Produkten, mit deren Hilfe Dritte (Programm-)Erweiterungen (Plug-ins) für diese Softwareprodukte programmieren können.

GLOSSAR

Nachwort

Ich habe diese Seminarunterlagen mit sehr viel Freude und Sorgfalt erstellt. Sollten sich Fehler eingeschlichen haben, so freue ich mich über Ihre Hinweise unter:

jm@newearthpublishing.de

Selbstverständlich freue ich mich über Lob, Anregungen, Wünsche und Kritik. Ich werde Ihre Wünsche und Anregungen dann, soweit möglich, in der nächsten überarbeiteten Auflage umsetzen.

Zu diesem Schulungshandbuch können Sie die Datenbestände und DATEV-Kontenrahmen auf CD bestellen zum Preis von EUR 19,90 inkl. MwSt.

Folgende Titel gibt es für Lexware 2017:

Lexware 2017 buchhalter pro
ISBN 978-3-945827-35-2

Lexware 2017 warenwirtschaft pro
ISBN 978-3-945827-37-6

Lexware 2017 lohn+gehalt pro
ISBN 978-3-945827-39-0

Alternativ können Sie unsere aktuellen Schulungsunterlagen auch als E-Book (PDF) bestellen.

Alle Titel können direkt beim Verlag per Mail an nep@newearthpublishing.de oder bei Amazon bestellt werden.

Kopierlizenzen für Fachhändler, Bildungsträger, Dozenten und Schulen gibt es nur direkt über den Verlag. Ihre Anfragen und Bestellungen schicken Sie bitte per Mail an nep@newearthpublishing.de oder direkt über unseren neuen Onlineshop bestellen unter www.schulbuch.website .

Unsere neue Internetseite ist fertig: www.newearthpublishing.de Besuchen Sie uns auch auf Facebook.

Titel in Planung:

Schulungsunterlagen für GDI BusinessLine

SCHUFA – Fluch oder Segen?
ISBN 978-3-945827-06-2
I.N. Kognito

Eine spannende Reise in die Welt der SCHUFA.

Bestellbar bei Amazon, im Buchhandel und bei vielen E-Book Händlern.

Wenn Sie schon immer wissen wollten: Was weiß die Schufa über mich?

Printed in Poland
by Amazon Fulfillment
Poland Sp. z o.o., Wrocław